智库 中社
国家智库报告 2017（27）
National Think Tank
国际问题研究

金砖国家推动本币国际化：中国经验与合作策略

刘东民 肖立晟 陆婷 熊爱宗 张驰 著

THE INTERNATIONALIZATION OF BRICS CURRENCIES: CHINA'S EXPERIENCE AND COOPERATION STRATEGY

中国社会科学出版社

图书在版编目(CIP)数据

金砖国家推动本币国际化：中国经验与合作策略 / 刘东民等著.
—北京：中国社会科学出版社，2017.8
(国家智库报告)
ISBN 978-7-5203-0812-0

Ⅰ.①金… Ⅱ.①刘… Ⅲ.①人民币—金融国际化—研究
Ⅳ.①F822

中国版本图书馆 CIP 数据核字(2017)第 187388 号

出 版 人　赵剑英
责任编辑　王　茵
责任校对　沈丁晨
责任印制　李寡寡

出　　版　中国社会科学出版社
社　　址　北京鼓楼西大街甲 158 号
邮　　编　100720
网　　址　http://www.csspw.cn
发 行 部　010-84083685
门 市 部　010-84029450
经　　销　新华书店及其他书店

印刷装订　北京君升印刷有限公司
版　　次　2017 年 8 月第 1 版
印　　次　2017 年 8 月第 1 次印刷

开　　本　787×1092　1/16
印　　张　10.75
插　　页　2
字　　数　135 千字
定　　价　56.00 元

凡购买中国社会科学出版社图书，如有质量问题请与本社营销中心联系调换
电话：010-84083683

摘要： 作为新兴经济体中的大国，金砖五国对于推动本国货币国际化均有内在诉求。2008 年全球金融危机之后，中国开始逐步地推进人民币国际化。通过鼓励企业在跨境贸易和投资中使用人民币结算、货币互换和人民币直接交易、推动离岸人民币金融中心建设、银行间市场开放与熊猫债的发行、建立人民币跨境交易结算系统等政策措施，人民币国际化取得了显著成绩。但是，在资本账户尚未完全开放、人民币升值预期基本消失的今天，人民币国际化面临挑战。加强金砖国家合作，共同推进金砖国家货币国际化，不仅对于人民币自身的国际化具有重要价值，也是推进国际货币体系朝向多元化方向发展的重要步骤。本报告提出了金砖国家共同推进本币国际化的合作策略，包括：推动本币债券市场发展、增强金砖国家本币投融资业务、进一步推动货币互换和本币直接交易、促进大宗商品本币结算、以区块链技术推进金砖国家跨境金融基础设施建设。

关键词： 金砖国家，人民币国际化，本币债券市场，区块链

Abstract: As big emerging economies, BRICS countries have real demand for their currencies internationalization. China started facilitating RMB internationalization after 2008 financial crisis and has made significant achievement since then. RMB internationalization is facing challenge now because the expectation of RMB appreciation has disappeared and capital account has not completely opened yet. Promoting BRICS's currencies internationalization by cooperation among BRICS countries will be of benefit for both RMB internationalization and diversifying the international monetary system. This report gives some proposals for facilitating BRICS currencies internationalization through financial cooperation: promoting the development of local currency bond market, enhancing the local currency financing and investing in BRICS countries, further strengthening the currency swap and direct trade, launching the local currency settlement in commodity trade, piloting the financial infrastructure among BRICS countries with blockchain.

Keywords: BRICS, RMB internationalzation, local currency bond market, blockchain

目　录

Contents

2008年全球金融危机之后，中国政府开始逐步推进人民币国际化。国际货币体系改革的真实需求、中国经济的稳步增长、政府的积极推进和人民币在过去数年的升值预期，对人民币国际化产生了显著的合力。2016年10月，人民币加入SDR货币篮子，标志着国际社会对于人民币国际化的成绩给予了认可。

在资本账户尚未完全开放、人民币升值预期基本消失的今天，人民币国际化面临挑战。加强金砖国家合作，共同推进金砖国家货币国际化，不仅对于人民币自身的国际化具有重要价值，也是推进国际货币体系朝着多元化方向发展的重要步骤。①

---

① 2016年8月，金砖五国的六家智库达成一致意见，就“金砖国家推动本币国际结算”开展联合研究。本报告是中国社会科学院世界经济与政治研究所完成的中方研究报告。本研究得到“国际政治与金融安全智库”的资助。

一　中国推进人民币国际化的背景与目标

中国政府推进人民币国际化的背景有两点：一是2008年全球金融危机让国际社会充分认识到，以美元为主导的国际货币体系具有内在的不稳定性，多元化的国际货币体系是未来最有可能的合理选择，这为人民币国际化创造了真实的外部需求；二是中国经济在改革开放的30多年里取得了巨大进步，这为人民币国际化提供了内在动力。

早在布雷顿森林体系运作时期，美国学者罗比特·特里芬就提出了“特里芬两难”问题（Triffin Dilemma），即一国货币要充当国际货币，就必须通过持续的贸易逆差为全球提供该种货币，从而保证该货币在全球的清偿能力；而持续的贸易逆差将导致该种货币贬值，从而其他国家不再愿意持有该种货币。在布雷顿森林体系解体之后建立的牙买加体系，特里芬两难依然存在，因为美元始终是国际货币体系的主导货币。但是，在2008年之前，一些学者认为，由于美国在对外投资上的回报率超过其对外融资的成本，因此美国可以长期保持贸易逆差。2008年全球金融危机让国际社会真正认识到，美元主导的国际货币体系是内在不稳定的。美国利用美元主导地位而形成的低储蓄、高消费、高负债模式不可持续，金融危机还是爆发了。而且，正是由于美元在国际货币体系的中心地位，导致这场源于美国的次贷危机迅速发展成为严重的全球金融危机。从实现全球金融稳定的需要来看，要么建立超主权的国际货币，从根本上解决“特里芬两难”，要么就要实现多元化国际货币体系，缓解“特里芬两难”。而从现实情况看，中短期内难以建立超主权货币，因此多元化的国际货币体系就成为最具可行性的选择。

正是基于这样的理解，在全球金融危机之后，中国政府开始推进人民币国际化，其根本目标就是希望建立多元化的国际货币体系，促进全球金融稳定，并增强本国的金融韧性和金融竞争力。

二　人民币国际化的政策实施与实际进展

1. 鼓励企业在跨境贸易和投资中使用人民币结算

2008 年 12 月，中华人民共和国国务院常务会议研究决定，对广东和长江三角洲地区与港澳地区、广西和云南与东盟的货物贸易进行人民币结算试点。2009 年 4 月，国务院常务会议决定在上海市和广东省广州市、深圳市、珠海市、东莞市开展跨境贸易人民币结算试点。2010 年 6 月，中国人民银行、财政部、商务部等六部委联合发布《关于扩大跨境贸易人民币结算试点有关问题的通知》，将跨境贸易人民币结算试点地区由上海市和广东省的 4 个城市扩大到北京、天津、上海、江苏、浙江、福建等 20 个省市。2011 年 8 月，六部委联合发布《关于扩大跨境贸易人民币结算地区的通知》，跨境人民币结算境内地域范围扩大至全国。值得注意的是，当时中央政府提出的推进此项试点工作的目标是帮助企业规避汇率风险、减少汇兑损失，并没有明确提出人民币国际化的概念。可以看出，在这一阶段，中国政府对于人民币国际化是采取十分谨慎的态度的。

为进一步扩大人民币在跨境投资中的使用，规范银行和境外投资者办理外商直接投资人民币结算业务，2011 年 10 月 14 日，中国人民银行制定了《外商直接投资人民币结算业务管理办法》。这标志着境外投资者和银行可依据此办法办理外商直接投资人民币结算业务，将有效扩大人民币跨境使用，切实促进贸易、投资便利化，同时推进人民币国际化进程。2012 年 6 月 14 日，为贯彻落实《外商直接投资人民币结算业务管理办法》，便利境外投资者以人民币来华投资，规范银行业金融机构办理外商直接投资人民币结算业务，中国人民银行公布了《中国人民银行关于明确外商直接投资人民币结算业务操作细则的通知》。

此外，为了配合人民币跨境结算的顺利实施，中国人民银行会同有关部门出台了一系列的保障措施。2009 年 7 月 1 日，中国人民银行、财政部、商务部、海关总署、国家税务总局和中国银行业监督管理委员会联合发布公告，公布实施《跨境贸易人民币结算试点管理办法》，规范试点企业和商业银行的行为，防范相关业务风险，以促进贸易便利化，保障跨境贸易人民币结算试点工作的顺利进行。为贯彻落实《跨境贸易人民币结算试点管理办法》，2009 年 7 月，中国人民银行和国家外汇管理局分别发布了《跨境贸易人民币结算试点管理办法实施细则》与《关于跨境贸易人民币结算中国际收支统计申报有关事宜的通知》，以便于人民币跨境结算的顺利实施与推进。

随着中国国际贸易和直接投资的不断发展，人民币跨境结算进程不断加快。当前，跨境人民币结算业务已扩展至中国境内所有地区，境外无区域限制。根据中国人民银行的统计口径，目前跨境人民币结算业务已经覆盖超过 210 个境外国家和地区[①]。从资金总额

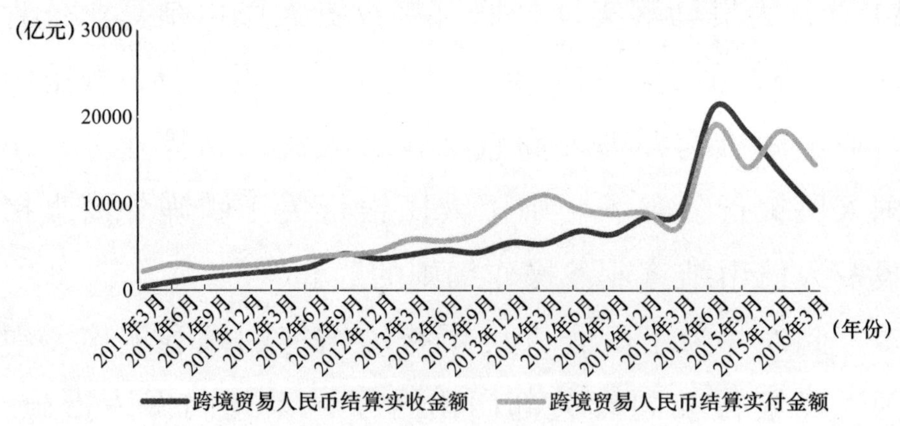

图 1 人民币资金跨境流动情况（亿元）

资料来源：WIND Database。

① 中国银行：跨境人民币政策 Q&A，http：//www. boc. cn/cbservice/cb11/201401/t20140108_ 2816514. html，2014 年 1 月 8 日。

上看，2015 年“8·11”汇改之前，跨境贸易人民币结算实收金额与实付金额呈逐年上升态势。“8·11”汇改之后，跨境贸易人民币结算的实收金额呈下滑趋势，实付金额呈震荡趋势。

从结构上看，2016 年前 10 个月以人民币进行的跨境结算金额累计发生 6.47 万亿元，其中货物贸易为 3.46 万亿元，占比最高达 54%；外商直接投资为 1.15 万亿元，占比 18%；服务贸易和其他经常项目为 9316 亿元，占比 14%；对外直接投资为 9211 亿元，占比 14%。

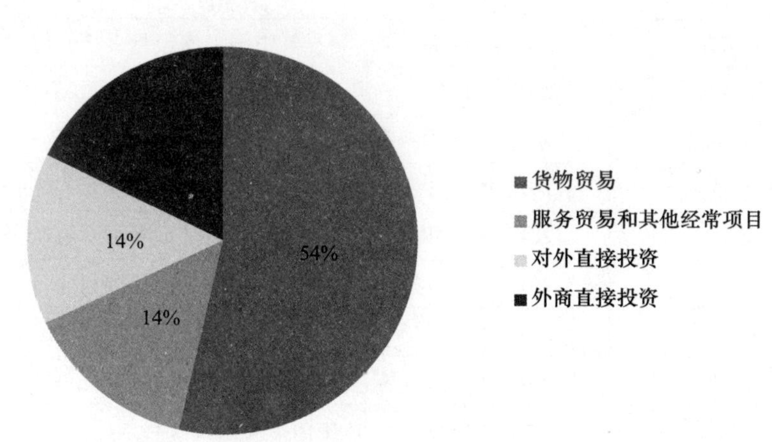

图 2　2016 年前 10 个月人民币跨境结算构成

资料来源：中国人民银行。

为了配合跨境人民币结算业务的开展，截至 2016 年 9 月底，中国的银行在 21 个国家和地区建立了境外人民币清算机制，覆盖东南亚、西欧、中东、北美、南美和大洋洲等。

表 1　　境外人民币清算行

国家和地区	时间	境外人民币清算行
中国香港	2003 年 12 月	中国银行（香港）有限公司
中国澳门	2004 年 9 月	中国银行澳门分行
中国台湾	2012 年 9 月	中国银行台北分行
新加坡	2013 年 2 月	中国工商银行新加坡分行
英国	2014 年 6 月	中国建设银行伦敦分行
德国	2014 年 6 月	中国银行法兰克福分行
韩国	2014 年 7 月	交通银行首尔分行
法国	2014 年 9 月	中国银行巴黎分行
卢森堡	2014 年 9 月	中国工商银行卢森堡分行
卡塔尔	2014 年 11 月	中国工商银行多哈分行
加拿大	2014 年 11 月	中国工商银行（加拿大）有限公司
澳大利亚	2014 年 11 月	中国银行悉尼分行
马来西亚	2015 年 1 月	中国银行（马来西亚）有限公司
泰国	2015 年 1 月	中国工商银行（泰国）有限公司
智利	2015 年 5 月	中国建设银行智利分行
匈牙利	2015 年 6 月	中国银行匈牙利分行
南非	2015 年 7 月	中国银行约翰内斯堡分行
阿根廷	2015 年 9 月	中国工商银行（阿根廷）有限公司
赞比亚	2015 年 9 月	赞比亚中国银行
瑞士	2015 年 11 月	中国建设银行苏黎世分行
美国	2016 年 9 月	中国银行纽约分行

资料来源：中国人民银行。

2. 货币互换和人民币直接交易

中国人民银行与境外货币当局签订本币互换协议的目的不仅包括维护区域金融稳定，更为重要的是促进双边贸易和投资的发展。双方货币互换资金可用于支持本地企业贸易、投资，从而促进本币在两国间贸易和投资中的使用，这有利于降低货币互换双方在双边国际经济活动中面临的美元汇率波动风险，降低汇兑费用，从而利于双边贸易和投资的发展。

2008 年全球金融危机以来，中国不断推动对外货币合作，不断与境外央行或货币当局签署或更新双边货币互换协议。目前，中国已与中国香港、马来西亚、白俄罗斯、印度尼西亚、韩国等 36 个国家和地区的中央银行或货币当局签署了双边本币互换协议，截至 2016 年年底，生效协议总金额已经超过 3. 1 万亿元人民币。

表 2　**中国人民银行和其他央行或货币当局签署的双边本币互换协议**

互换对象	签署时间	互换规模	期限
中国香港	2009 年 1 月 20 日	2000 亿元人民币/2270 亿港元	3 年
	2011 年 11 月 22 日（续签）	4000 亿元人民币/4900 亿港元（续签）	
	2014 年 11 月 22 日（续签）	4000 亿元人民币/5050 亿港元（续签）	

续表

互换对象	签署时间	互换规模	期限
马来西亚	2009 年 2 月 8 日	800 亿元人民币/400 亿马来西亚林吉特	3 年
	2012 年 2 月 8 日（续签）	1800 亿元人民币/900 亿马来西亚林吉特（续签）	
	2015 年 4 月 17 日（续签）	1800 亿元人民币/900 亿马来西亚林吉特（续签）	
白俄罗斯	2009 年 3 月 11 日	200 亿元人民币/8 万亿白俄罗斯卢布	3 年
	2015 年 5 月 10 日（续签）	70 亿元人民币/16 万亿白俄罗斯卢布（续签）	
印度尼西亚	2009 年 3 月 23 日	1000 亿元人民币/175 万亿印尼卢比	3 年
	2013 年 10 月 1 日（续签）	1000 亿元人民币/175 万亿印尼卢比（续签）	
阿根廷	2009 年 4 月 2 日	700 亿元人民币/380 亿阿根廷比索	3 年
	2014 年 7 月 18 日（续签）	700 亿元人民币/900 亿阿根廷比索（续签）	
韩国	2009 年 4 月 20 日	1800 亿元人民币/38 万亿韩元	3 年
	2011 年 10 月 26 日（续签）	3600 亿元人民币/64 万亿韩元（续签）	
	2014 年 10 月 11 日（续签）	3600 亿元人民币/64 万亿韩元（续签）	
冰岛	2010 年 6 月 9 日	35 亿元人民币/660 亿冰岛克朗	3 年
	2013 年 9 月 11 日（续签）	35 亿元人民币/660 亿冰岛克朗（续签）	
新加坡	2010 年 7 月 23 日	1500 亿元人民币/300 亿新加坡元	3 年
	2013 年 3 月 7 日（续签）	3000 亿元人民币/600 亿新加坡元（续签）	
	2016 年 3 月 7 日（续签）	3000 亿元人民币/600 亿新加坡元（续签）	
新西兰	2011 年 4 月 18 日	250 亿元人民币/50 亿新西兰元	3 年
	2014 年 4 月 25 日（续签）	250 亿元人民币/50 亿新西兰元（续签）	
乌兹别克斯坦（已失效）	2011 年 4 月 19 日	7 亿元人民币/1670 亿乌兹别克苏姆	3 年

续表

互换对象	签署时间	互换规模	期限
蒙古	2011 年 5 月 6 日	50 亿元人民币/1 万亿蒙古图格里特	3 年
	2012 年 3 月 20 日（补充）	100 亿元人民币/2 万亿蒙古图格里特（扩大）	
	2014 年 8 月 21 日（续签）	150 亿元人民币/4.5 万亿蒙古图格里特（续签）	
哈萨克斯坦	2011 年 6 月 13 日	70 亿元人民币/1500 亿哈萨克坚戈	3 年
	2014 年 12 月 14 日（续签）	70 亿元人民币/2000 亿哈萨克坚戈（续签）	
泰国	2011 年 12 月 22 日	700 亿元人民币/3200 亿泰铢	3 年
	2014 年 12 月 22 日（续签）	700 亿元人民币/3700 亿泰铢（续签）	
巴基斯坦	2011 年 12 月 23 日	100 亿元人民币/1400 亿巴基斯坦卢比	3 年
	2014 年 12 月 23 日（续签）	100 亿元人民币/1650 亿巴基斯坦卢比（续签）	
阿联酋	2012 年 1 月 17 日	350 亿元人民币/200 亿阿联酋迪拉姆	3 年
	2015 年 12 月 14 日（续签）	350 亿元人民币/200 亿阿联酋迪拉姆（续签）	
土耳其	2012 年 2 月 21 日	100 亿元人民币/30 亿土耳其里拉	3 年
	2015 年 9 月 26 日（续签）	120 亿元人民币/50 亿土耳其里拉（续签）	
澳大利亚	2012 年 3 月 22 日	2000 亿元人民币/300 亿澳大利亚元	3 年
	2015 年 3 月 30 日（续签）	2000 亿元人民币/400 亿澳大利亚元（续签）	
乌克兰	2012 年 6 月 26 日	150 亿元人民币/190 亿乌克兰格里夫纳	3 年
	2015 年 5 月 15 日（续签）	150 亿元人民币/540 亿乌克兰格里夫纳（续签）	
巴西（已失效）	2013 年 3 月 26 日	1900 亿元人民币/600 亿巴西雷亚尔	3 年
英国	2013 年 6 月 22 日	2000 亿元人民币/200 亿英镑	3 年
	2015 年 10 月 20 日（续签）	3500 亿元人民币/350 亿英镑（续签）	
匈牙利	2013 年 9 月 9 日	100 亿元人民币/3750 亿匈牙利福林	3 年
	2016 年 9 月 12 日（续签）	100 亿元人民币/4160 亿匈牙利福林	

续表

互换对象	签署时间	互换规模	期限
阿尔巴尼亚（已失效）	2013 年 9 月 12 日	20 亿元人民币/358 亿阿尔巴尼亚列克	3 年
欧央行	2013 年 10 月 8 日	3500 亿元人民币/450 亿欧元	3 年
	2016 年 9 月 27 日（续签）	3500 亿元人民币/450 亿欧元（续签）	
瑞士	2014 年 7 月 21 日	1500 亿元人民币/210 亿瑞士法郎	3 年
斯里兰卡	2014 年 9 月 16 日	100 亿元人民币/2250 亿斯里兰卡卢比	3 年
俄罗斯	2014 年 10 月 13 日	1500 亿元人民币/8150 亿卢布	3 年
卡塔尔	2014 年 11 月 3 日	350 亿元人民币/208 亿元里亚尔	3 年
加拿大	2014 年 11 月 8 日	2000 亿元人民币/300 亿加元	3 年
苏里南	2015 年 3 月 18 日	10 亿元人民币/5.2 亿苏里南元	3 年
亚美尼亚	2015 年 3 月 25 日	10 亿元人民币/770 亿德拉姆	3 年
南非	2015 年 4 月 10 日	300 亿元人民币/540 亿南非兰特	3 年
智利	2015 年 5 月 25 日	220 亿元人民币/22000 亿智利比索	3 年
塔吉克斯坦	2015 年 9 月 3 日	30 亿元人民币/30 亿索摩尼	3 年
摩洛哥	2016 年 5 月 11 日	100 亿元人民币/150 亿迪拉姆	3 年
塞尔维亚	2016 年 6 月 17 日	15 亿元人民/270 亿塞尔维亚第纳尔	3 年
埃及	2016 年 12 月 6 日	180 亿元人民币/470 亿埃及镑	3 年

资料来源：中国人民银行。

从目前生效的协议来看，与中国人民银行签署货币互换协议的国家和地区主要来自亚太地区，不过近几年来，来自欧洲、非洲、拉丁美洲的国家逐步增多。中国已经同金砖国家中的巴西（目前已失效）、俄罗斯、南非先后签订了货币互换协议，这为进一步促进金砖国家之间的本币使用提供了有利条件。

表3 与中国签署货币互换协议的国家和地区分布

区域	国家或地区
亚洲及太平洋地区	中国香港、马来西亚、印度尼西亚、韩国、新加坡、新西兰、乌兹别克斯坦（已失效）、蒙古、哈萨克斯坦、泰国、巴基斯坦、阿联酋、土耳其、澳大利亚、斯里兰卡、卡塔尔、塔吉克斯坦
非洲	南非、摩洛哥、埃及
南美洲	阿根廷、巴西（已失效）、苏里南、智利
欧洲	白俄罗斯、冰岛、乌克兰、英国、匈牙利、欧央行、瑞士、俄罗斯、亚美尼亚、塞尔维亚、阿尔巴尼亚（已失效）
北美洲	加拿大
金砖国家	巴西（已失效）、俄罗斯、南非

资料来源：中国人民银行。

人民币与外币直接交易是人民币国际化进程的又一重要体现，有助于进一步拓展人民币在双边贸易投资结算中的使用，提升人民币的国际地位。同时，人民币直接交易可以避免通过第三方货币计价增加成本，降低交易汇兑成本，从而促进双方贸易投资和金融合作。

人民币已经同21种非美元货币建立直接交易。布雷顿森林体系建立之后，美元一直居于国际货币体系的中心，是全球最主要的交易、计价和储藏货币。因此，最早人民币只与美元进行直接交易，并通过与美元的汇兑关系，建立与其他货币的间接交易机制。然而，经由美元中介交易，既为人民币与其他外币交易增加了成本与不便，同时也会增加双边汇兑风险。因此，随着人民币国际化进程的推进与对外经贸关系的不断发展，迫切需要建立人民币与其他货币的直接交易机制。因此，从2010年开始，中国外汇交易中心首先开办人民币对马来西亚林吉特的直接交易，随后接连开展了对卢布、日元、澳元、新西兰元、英镑、欧元、新加坡元、瑞士法郎、南非兰特、韩元、迪拉姆、里亚尔、加元等21种非美元货币的直接交易。

表4　　人民币与非美元货币的直接交易

时间	直接交易货币	时间	直接交易货币
2010年8月19日	林吉特（马来西亚）	2016年9月23日	迪拉姆（阿联酋）
2010年11月22日	卢布（俄罗斯）	2016年9月23日	里亚尔（沙特阿拉伯）
2012年5月29日	日元（日本）	2016年11月11日	加元（加拿大）
2013年4月9日	澳元（澳大利亚）	2016年12月9日	瑞典克朗（瑞典）
2014年3月18日	新西兰元（新西兰）	2016年12月9日	挪威克朗（挪威）
2014年6月18日	英镑（英国）	2016年12月9日	土耳其里拉（土耳其）
2014年9月29日	欧元（欧元区）	2016年12月9日	墨西哥比索（墨西哥）
2014年10月27日	新加坡元（新加坡）	2016年12月9日	匈牙利福林（匈牙利）
2015年11月9日	瑞士法郎（瑞士）	2016年12月9日	丹麦克朗（丹麦）
2016年6月17日	兰特（南非）	2016年12月9日	波兰兹罗提（波兰）
2016年6月24日	韩元（韩国）		

资料来源：中国外汇交易中心。

3. 推动离岸人民币金融中心建设

从根本上讲，要想实现真正的人民币国际化，中国必须实现金融自由化，充分开放资本账户。但是，金融自由化改革必须是逐步进行的。在资本账户尚未完全开放的情况下推进人民币国际化，离岸人民币金融市场的建设就显得十分重要，因为需要有离岸市场为持有人民币的非居民提供人民币交易、投资和结算平台，并将离岸市场和在岸市场进行适度隔离。目前为止，全球已经建立了香港、台北、新加坡市、伦敦、法兰克福、巴黎、卢森堡和多伦多等多个人民币离岸金融中心，并通过点心债、RQFII、跨境贷款、沪港通、深港通等方式为离岸市场提供人民币投资产品，并在此过程中有序、审慎地推进了资本账户开放。

（1）点心债

点心债指的是境内金融机构和企业在香港发行的离岸人民币债券。2007 年 6 月国家开发银行在香港发行首笔离岸人民币债，开启了点心债市场发展的新篇章。在度过了初期的建立阶段之后，点心债市场在 2010 年至 2014 年间经历了井喷式的快速发展期。2014 年，香港人民币点心债共计发行 1831 亿元，同比增长 89%；其中，90% 是金融债和企业债，75% 以上是 1—3 年的短期债券。

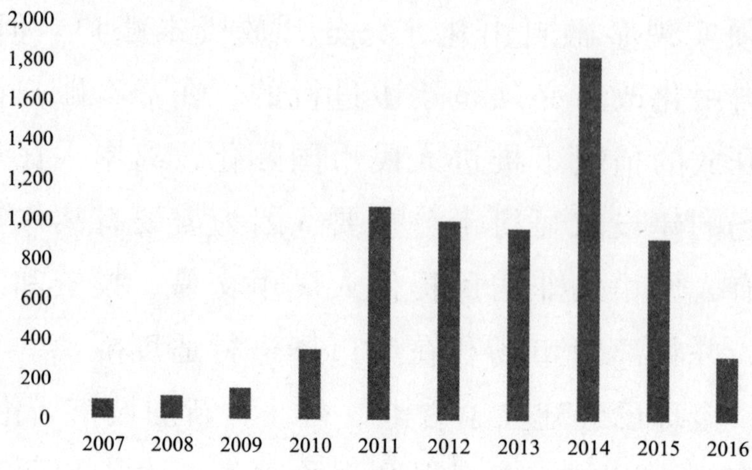

图 3　点心债发行金额（亿元）

注：2016 年数据截至 12 月 5 日。

资料来源：Wind Database。

表 5　香港点心债类型与期限结构　（单位：亿元）

年份	按类型				按期限				
	国债	金融债	企业债	可转债	1 年及以下	1—3 年	3—5 年	5—10 年	10 年以上
2007		100.00		58.30		133.30	25.00		
2008		120.00				120.00			
2009	60.00	100.00		4.47		155.00	9.47		
2010	80.00	176.00	131.60	63.90		341.10	88.40	22.00	
2011	200.00	75.90	948.83	17.72	11.00	869.03	290.22	72.20	
2012	230.00	411.55	363.25	17.73	45.80	731.67	141.56	48.50	55.00
2013	230.00	307.94	428.09	17.95	68.93	597.80	234.05	64.20	19.00
2014	280.00	723.77	827.70	19.30	45.82	1307.30	290.85	192.80	14.00
2015	270.00	400.17	246.94		11.97	497.03	281.86	96.00	30.25
2016	140.00	125.95	62.00	33.50	20.00	254.71	16.74	55.00	15.00

注：2016 年数据截至 12 月 5 日。

资料来源：Wind Database。

经过多年平稳发展后，点心债在人民币贬值的背景下遭遇挑战。2015 年至 2016 年点心债发行量骤减。2015 年点心债总发行量为 917 亿元，较 2014 年发行量几近腰斩。2016 年，点心债发行量进一步缩减，截至 2016 年 12 月 5 日，点心债发行金额仅为 327 亿元，基本回到 2010 年水平，这一现象表明人民币汇率变动预期是香港点心债发行量波动的主要驱动因素。

在香港发行的点心债有三个主要挑战。一是缺乏流动性，没有二级市场。由于市场体量不够大，点心债市场缺乏做市商。从香港金管局 CMU 债券报价网站的资料看，除了财政部发行的人民币国债在 OTC 市场有一定的交易量外，其他人民币债券交易都不活跃。

二是没有评级，期限较短，投资者一般倾向于持有短期债券。在这种情况下，离岸人民币债券缺乏可供参考的人民币基准利率曲线，香港金融市场无法供给高流动性、久期结构合理的人民币债券。

三是发行受人民币汇率左右。目前贬值预期还在，投资者的热情很难再回来。人民币加入 SDR，资本项目逐步放开后，未来维护汇率稳定的难度也会加大，点心债市场或会进一步萎缩。

（2）RQFII

RQFII（RMB Qualified Foreign Institutional Investors）是指人民币合格境外投资者，通过 RQFII 机制，海外机构可以使用在离岸市场募集到的人民币资金，投资于中国境内的资本市场。2011 年 8 月 17 日，时任国务院副总理李克强在港出席论坛时表示，将允许以人民币境外合格机构投资者方式（RQFII）投资境内证券市场，起步金额为 200 亿。

自此之后，RQFII 制度下境外合格机构投资者参与境内证券市场的步伐逐渐加快，近几年，随着人民币国际化不断发展以及资产配置限制的逐步解除，RQFII 投资额度平稳增加，2015 年 RQFII 共投资 45992 亿元，平均每月投资 3832 亿元，2015 年末在 A 股市场上开户的 RQFII 为 942 户。2016 年 RQFII 的投资状

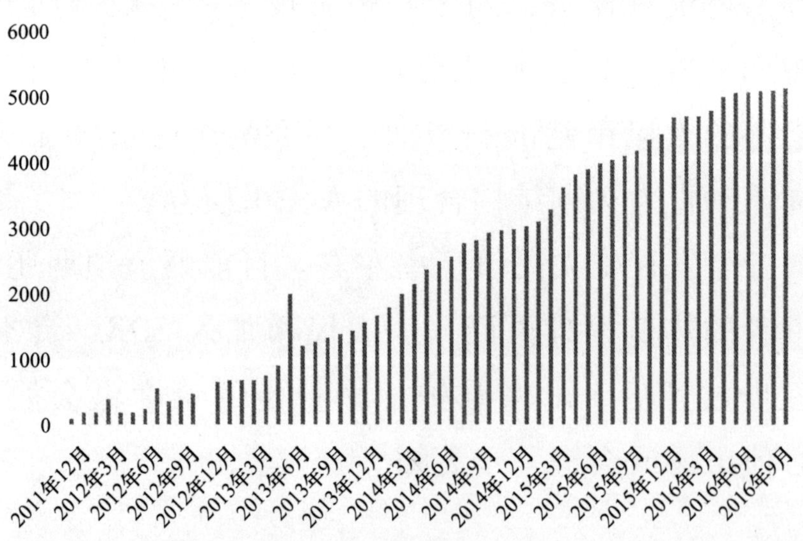

图 4　RQFII 投资额度（亿元）

资料来源：Wind Database。

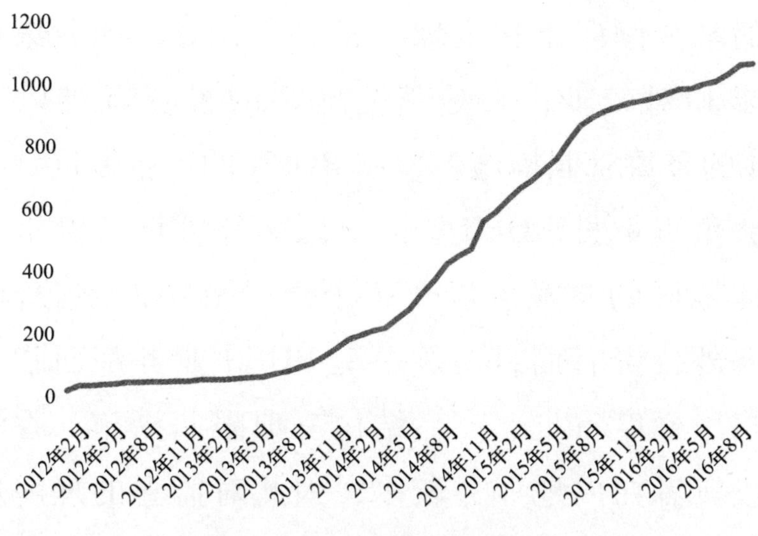

图5 A股期末RQFII账户数（户）

资料来源：Wind Database。

况也基本延续了2015年的平稳上行趋势，1月至10月共投资49479亿元，10月末在A股市场上开户的RQFII为1067户。

2016年6月，在为期两天的中美战略与经济对话举行间隙，中国人民银行副行长易纲表示，将向美国提供2500亿元人民币（合380亿美元）的RQFII额度。这是中国首次授予美国这一额度，成为人民币国际化和RQFII制度推行以来的又一里程碑。

研究显示，RQFII额度使用较多的是来自香港的机构投资者。香港RQFII额度使用相对较多主要有两个原因。一是香港的基金在资产配置中侧重于亚太地区，对内地的RQFII需求较高；而英国伦敦、法国、德国的基金倾向于在全球配置资产，对内地股票市场的需求相对较低；二是其他地区的投资者难以理解RQFII的重重管制措施。按照RQFII的审批制度，中国证监会负责审批RQFII资质，国家外管局负责审批每个具体地区的总额度以及每个金融机构的细分额度。对于海外投资者而言，每一笔RQFII业务都面临着机构资格、额度审批、产品结构三项限制措施。香港银行和投资者在内地业务较多，因此对监管的理解更加灵活。未来RQFII想要进一步扩大发展的话，有必要对其监管审批制度进行进一步的简化。

(3) 跨境人民币贷款

跨境人民币贷款是中国政府为境外金融机构提供境外人民币回流渠道的手段之一，以保障人民币作为结算货币满足真实的贸易和投资需求。2013年1月，前海跨境人民币贷款在全国率先破冰，成为人民币国际化的标志性事件。随着前海各项建设提速，跨境贸易人民币结算范围逐步放宽，手续流程不断优化，前海跨境人民币贷款规模快速扩大。截至2015年3月底，前海跨境贷备案金额达到911亿元，提款228亿元。而在2013年年底这两项数字仅分别为148亿元与33.6亿元。目前，已经有包括光大国际、中广核、华润集团、中船重工、顺丰集团、兴业金融租赁、保利集团、葛洲坝集团、航盛电子、广西有色、兆驰股份、天源迪科、龙岗城投、宝安建投、航天科工等30余家央企和行业龙头企业项目入区前海，开展跨境贷款业务，获得了低成本的资金支持。随后，中国政府在前海跨境人民币贷款试点的基础上，相继在厦门市、泉州金融综合改革试验区、福建自由贸易试验区等地区开展跨境人民币贷款试点。

2014年12月，前海金控与深港两地6家金融机构在前海组建首单跨境人民币银团贷款，标志着“前海概念”和跨境人民币银团贷款在香港银团间市场完成了首次亮相和定价，是跨境人民币贷款的又一里程碑。目前，前海区内的企业不仅可以通过内保外贷、直接贷款的形式向香港的银行拆借资金，也可以采用银团贷款的模式进行跨境融资。企业通过跨境融资安排，可以大大降低利率成本。企业从海外获得人民币贷款，是由香港市场利率定价，当前的利率水平几乎相当于内地央行基准利率下浮10%左右，为企业尤其是大型企业打通了海外资金融资渠道。

不过相比备案金额，实际提款金额仍存在较大的提升空间。事实上，随着境外人民币利率的升高，跨境人民币的资金成本也在攀升，跨境人民币贷款的价格差优势正在缩小。

另外，前海跨境贷针对的贷款客户是前海注册企业，这些企业大多是新设，自身规模和信用有限，香港银行大多需要通过国内银行对企业进行担保，才能对其放款。因此往往是较有资质的企业才能获得贷款，一些对资金渴求强烈的中小企业相对难以获得低成本的贷款。原则上而言，从备案提出到完成，最快只需两个工作周，但企业实际提款流程很长。香港银行对贷款用途、成本、期限等的审查非常严格，也在一定程度上增加了担保费用，推高了企业贷款成本。除了价格因素，业内人士表示，前海跨境贷提款金额偏少的另一个原因还包括资金来源限制于香港地区的银行，比较单一。

（4）沪港通

沪港通是指上海证券交易所和香港联合交易所允许两地投资者通过当地证券公司（或经纪商）买卖规定范围内的对方交易所上市的股票，是沪港股票市场交易互联互通机制。2014 年 4 月 10 日，中国证监会在正式批复开展互联互通机制试点。证监会指出，沪港通总额度为5500 亿元人民币，参与港股通个人投资者资金账户余额应不低于 50 万元人民币。

沪港通包括沪股通和港股通两部分：沪股通，是指投资者委托香港经纪商，经由香港联合交易所设立的证券交易服务公司，向上海证券交易所进行申报（买卖盘传递），买卖规定范围内的上海证券交易所上市的股票；港股通，是指投资者委托内地证券公司，经由上海证券交易所设立的证券交易服务公司，向香港联合交易所进行申报（买卖盘传递），买卖规定范围内的香港联合交易所上市的股票。

作为中国资本市场双向开放的一大创新，“沪港通”以最小的制度成本，换取了最大的市场成效。其本地原则为本、结算交收全程封闭的设计，让两地投资者可以最大限度地沿用自身市场的法律、法规、交易习惯投资对方市场，在监管透明、风险可控的前提下迈出了中国资本市场双向开放的第一步。

截至 2016 年 11 月，沪港通累积成交 35657. 51 亿元人民币。其中，港股通累积成交 12639. 09 亿元人民币，沪股通累积成交 23018. 43 亿元人民币。纵观“沪港通”运行的成绩单，虽然整体交投不及外界预期，

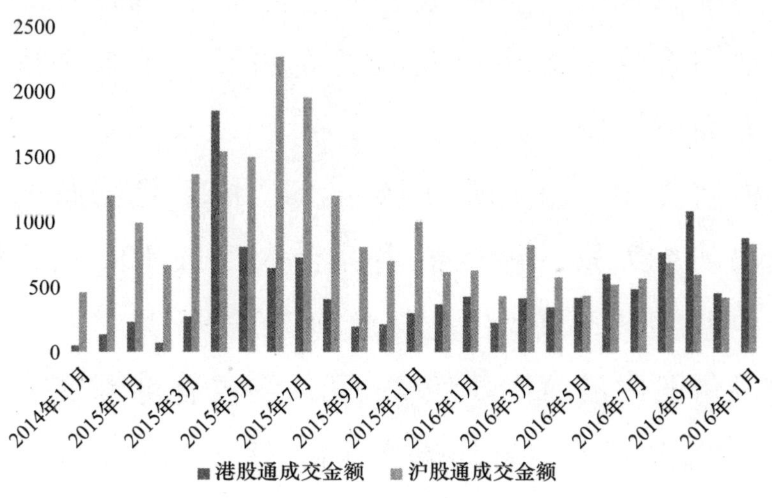

图 6　沪港通的成交金额（亿元）

资料来源：WIND Database。

但是这几年来“沪港通”运行平稳，经受住了A股市场大幅波动的考验，同时也为诸如深港通、沪伦通提供了可复制的样本。

（5）深港通

深港通，是深港股票市场交易互联互通机制的简称，指深圳证券交易所和香港联合交易所有限公司建立技术连接，使内地和香港投资者可以通过当地证券公司或经纪商买卖规定范围内的对方交易所上市的股票。2016年12月5日，深港通正式启动，港交所行政总裁李小加在深港通开通仪式上指出，如果沪港通是展开互联互通的第一步，现时深港通开通则为第二步。深港通复制了沪港通试点取得的成功经验，是境内交易所再度与香港交易所建立的连接机制。启动深港通，是内地与香港金融市场互联互通的又一重大举措，具有多方面积极意义。

根据公告，深交所2016年11月25日公布的港股通股票共417只，包括恒生综合大型股100只、恒生综合中型股193只、恒生综合小型股95只、不在上述指数成份股内的A+H股29只，约占香港联交所上市股票市值的87%、日均成交额的91%。香港联交所同日公布的深股通股票共881只，包括深市主板267只、中小板411只、创业板203只，约占深市A股总市值的71%、日均成交额的66%。

截至2016年10月底，深交所的上市公司超过了1860家，总市值约23万亿元人民币。到目前为止，交易量达到64万亿元人民币，在世界交易所中名列前茅。深交所的上市公司群体特征明显，就是创新、成长。

遥望2014年沪港通开通首日，沪股通和港股通就遭遇冰火两重天，沪股通火爆，港股通遇冷，表明当时A股市场吸金能力远超港股市场，杠杆牛也顺势启动。如今，在人民币持续贬值等不利因素的影响之下，A股市场又将何去何从，相同一幕能否再度上演也成为悬念。

4. 银行间市场开放与熊猫债的发行

(1) 中国银行间市场的开放

从某种意义上讲，人民币国际化的过程，也就是中国资本账户开放的过程。通过分析银行间市场的对外开放，我们可以十分清晰地看出中国在人民币国际化与资本账户开放之间的相互配合。

中国银行间市场由债券市场（包括资产证券化产品）、票据市场、外汇市场和同业拆借市场构成。对于人民币国际化而言，最重要的是债券市场。下文所论述的银行间市场，主要针对债券市场而言。在人民币国际化的过程中，伴随人民币越来越多地流向境外并被非居民持有，需要解决的一个核心问题是，如何为非居民提供丰富的人民币投资渠道。从国际经验来看，国际化货币最主要的投资渠道是货币发行国的资本市场，即债券市场和股票市场。从推动人民币国际化的角度而言，中国银行间市场的对外开放，就是要为非居民提供人民币计价债券的投资渠道。

银行间市场的对外开放，对于货币国际化而言，还有一个更为重要的价值，即推动该种货币成为国际储备货币。货币国际化取得成功的重要标志之一，就是该种货币成为国际储备货币，如美元、欧元和英镑都是如此。国际储备货币的大部分不会以现金形式存放，而是以该种货币计价的债券（通常是政府债券，也包括少量的大型金融机构债券和大型企业债券）形式存在，这些债券具有 3 方面特征：第一，具有较高的信用评级，违约风险小；第二，具有一定的投资回报率，从投资角度而言优于现金；第三，流动性好，容易变现。同时拥有上述 3 个特征的债券产品，就成为全球安全资产，成为各国国际储备的投资对象。从长期看，中国银行间市场的对外开放，也是推动人民币计价债券成为全球安全资产，进而推动人民币成为国际储备货币的过程。

①银行间债券市场开放的历史沿革

中国境内债券市场对境外机构开放的政策始于2010年8月，中国人民银行允许境外中央银行或货币当局、境外人民币清算行和境外参加行进入银行间债券市场投资的政策试点，随后逐渐开始扩展投资主体范围。

2011年至2012年证监会、中国人民银行先后发布公告，允许QFII/RQFII进入银行间市场，但批复进度较慢。2013年3月，中国人民银行印发了《关于合格境外机构投资者投资银行间债券市场有关事项的通知》，人民银行开始提速批复QFII/RQFII进入银行间市场。

2015年6月，人民银行批准了境外人民币业务清算行和境外参加行进行债券回购交易；同年7月人民银行放开了对境外央行或货币当局、国际金融组织、主权财富基金三类主权类机构投资境内银行间市场的规定，取消事前准入及额度审批，并将投资范围拓展至债券现券、债券回购、债券借贷、债券远期，以及利率互换、远期利率协议等交易。

2016年开始，人民银行在投资主体和交易品种等方面，明显加快了银行间债券市场对外开放的节奏。2016年2月，中国进一步放开境外机构投资者进入银行间债券市场，涵盖境外商业银行、保险公司、证券公司、基金管理公司、其他资产管理机构等，明确了境外央行类机构进入的业务流程和监管细则，并重申备案制管理，取消额度审批，境外央行类机构可将其与债券和外汇投资相关的资金自由汇出。同年4月，

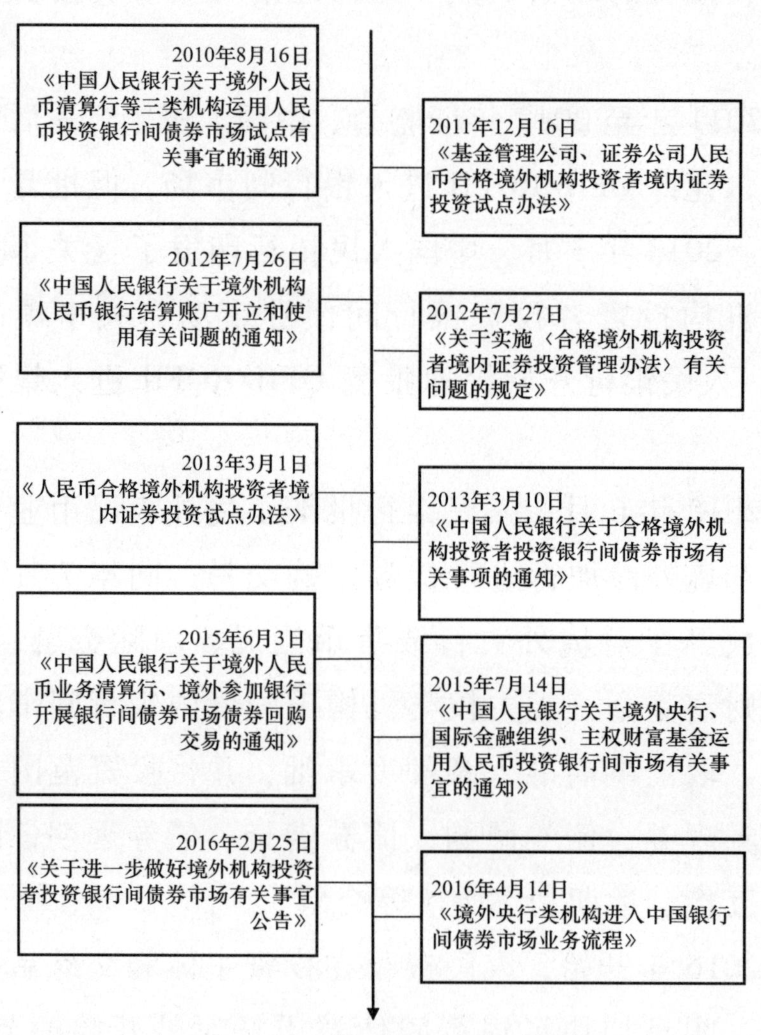

图7 银行间债券市场开放政策推进图

资料来源：根据中国人民银行、证监会官方网站公告整理。

央行同时发布境外央行类机构进入银行间债券市场和外汇市场业务流程，在投资额度、交易品种、资金自由汇出等方面进一步加大开放力度。截至2016年10月，已进入中国银行间债券市场的境外商业银行、非银行类金融机构、金融机构产品类投资者的投资管理人、其他类型机构投资者等已达到207家。

②银行间市场境外机构投资者交易情况

伴随人民币国际化进程的加速和银行间市场的不断开放，自2010年开始，中国银行间市场境外投资者数量开始迅速增加。本报告根据中国人民银行公布的统计数据整理发现，债券持有量及交易量呈震荡放大趋势。从持有种类上看，境外机构投资者主要持有利率债，国债和政策性银行债占比超过90%。从债券持有量来看，境外投资者在银行间市场的比重不断上升，目前持仓量达7471.28亿元人民币，已经占全市场托管总的2.5%左右。从现券交易来看，交易总额逐年放大，现券买入量呈震荡上升趋势，现券卖出量基本持平。图8中可以清晰地看出，2016年境外机构在银行间债市的交易总额明显上升。

根据中国人民银行最新的统计数据显示，截至2016年11月末，境外机构持有国债的比重达56%，政策性银行债的比重达39%（其中，国家开发银行债占比21%、中国农业发展银行债占比10%、中国进出

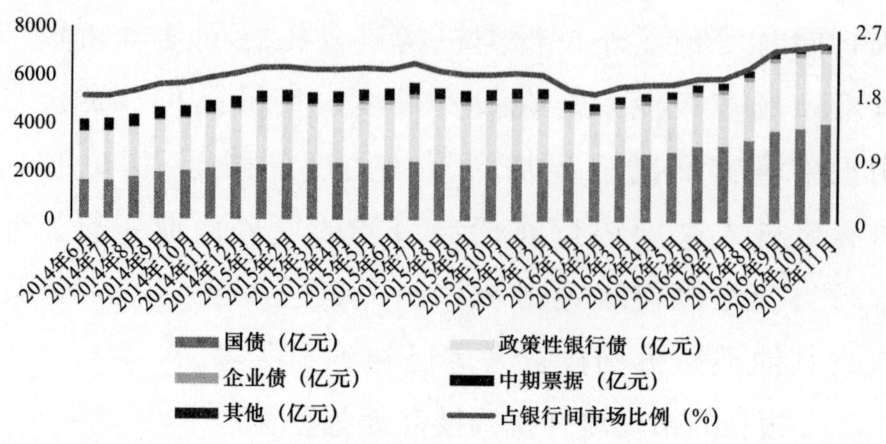

图 8 境外机构债券持有量及整体占比

资料来源：中国人民银行。

口银行债占比 8%），中期票据和企业债的比重仅分别为 3% 和 2%，国债持有额上升 1683 亿元。中金公司的研究报告认为，境外机构持有信用债较低与境外机构在跨境投资风控严格有关，由于国内信用评级的国

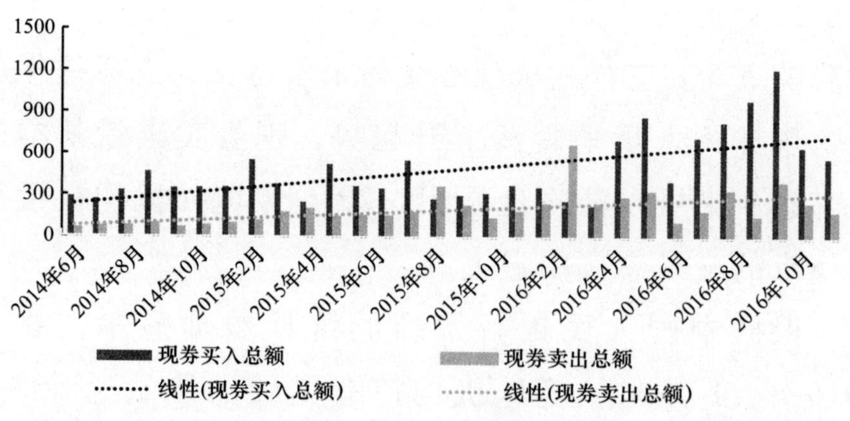

图 9 境外机构在银行间市场现券交易总额（亿元）

资料来源：中国人民银行。

际认可度不高，境外机构大多只选择投资主权评级产品。随着境外机构投资者结构的多元化，境外机构近年对于企业债和中期票据的配置力度有所加大，企业债的配置金额从 2013 年年底的 69. 87 亿元上升至 2016 年 11 月底的 158. 99 亿元，中期票据的配置金额从 2013 年年底的 0 亿元上升至 2016 年 11 月底的 188. 62 亿元。

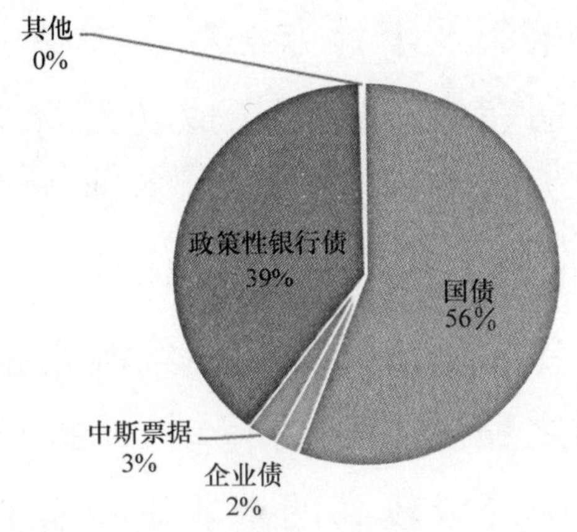

图 10　当前银行间境外投资者债券持有比例（截至 2016 年 11 月）

资料来源：中国人民银行。

（2）熊猫债的发行

熊猫债是境外机构在中国境内发行，并以人民币计价的外国债券。中国熊猫债市场试点始于 2005 年 10 月，国际金融公司和亚洲开发银行当年先后发行了 11. 3 亿元和 10 亿元的人民币债券，开启了境外机构在我国境内发行熊猫债的先例。但之后几年，受发行审批和资金使用等方面的监管限制，熊猫债市场发行缓慢，2005 年至 2014 年熊猫债市场总计发行规模仅 60 亿元。

随着人民币国际化进程加速，监管政策不断营造培育熊猫债发展的市场环境：包括扩大发行主体范围；允许境外机构将债券募集资金和还本付息资金境内外流动使用，明确跨境人民币结算规则；实行国内外双评级制度；允许使用经中国财政部认可与国内会计准则等下的财务编制及审计方法等。2014 年 3 月，德国戴姆勒股份公司在银行间市场成功发行 1 年期定向债务融资工具，为首家境外非金融企业在我国银行间债券市场发行的债务融资工具。2015 年，发改委、外交部、商务部联合发布《推动共建丝绸之路经济带和 21 世纪海上丝绸之路的愿景与行动》，提出“支持沿线国家政府和信用等级较高的企业以及金融机构在中国境内发行人民币债券”。2015 年 9 月，上海香港汇丰银行有限公司及中国银行（香港）有限公司在境内银行间债券市场成功发行了首只境外金融机构熊猫债。2015 年 12 月，韩国政府发行了第一只主权熊猫债 30 亿元人民币，成为首个获准在中国境内发行人民币债券的外国政府。在政策和利率下行双重因素推动下，熊猫债市场快速扩容，发行人主体范围和发行规模不断扩大，2015 年全年发行 130 亿元人民币，2016 年前 11 个月发行 1248. 2 亿元人民币。

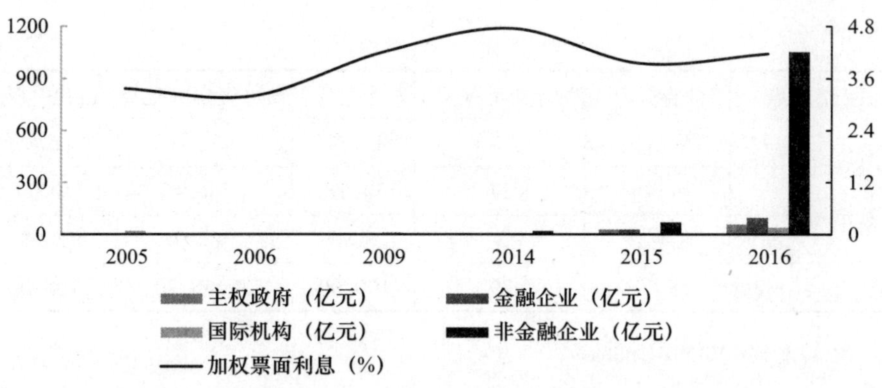

图 11　2005 年至 2016 年 11 月底熊猫债发行规模统计

资料来源：WIND Database。

截至 2016 年 11 月底，共有 36 家境外企业、国际机构和主权政府分别在银行间债券市场和交易所市场公开或定向发行 79 只熊猫债，涵盖短期融资券、中期票据、定向工具、商业银行债、国际机构债、公司债、私募债等多个类型。熊猫债券已经逐步开始成为境外机构多元化融资的新渠道。

表 6　**熊猫债债券品种**

上市地点	债券类型	发行数量（只）	占比（%）	发行规模（亿元）	占比（%）
银行间债券市场	短期融资券	5	6.33	51.00	3.55
	中期票据	7	8.86	180.00	12.52
	定向工具	9	11.39	180.00	12.52
	商业银行债	5	6.33	46.00	3.20
	国际机构债	9	11.39	170.00	11.82

续表

上市地点		债券类型	发行数量（只）	占比（%）	发行规模（亿元）	占比（%）
交易所债券市场	上海	公司债	14	17.72	182.00	12.65
		私募债	27	34.18	586.40	40.77
	深圳	私募债	3	3.80	42.80	2.98
总计			79	100.00	1438.20	100.00

资料来源：WIND Database。

①熊猫债券市场发行人及债项特点

债券评级是债券发行的重要基础，由于中国熊猫债市场尚处于发展初期，吸引到的融资者中，部分融资者在发行初期并未取得债项评级结果。在取得债项评级结果的熊猫债中，83%获得了国内或国际评级机构给予的AAA级评价，余下的AA+和AA级别各占15%和1.6%。从发行规模和发行票面利率来看，与其他债券品种类似，债项级别越高，募集的资金越多，债券的发行息票率越低。

表7　**债项评级与熊猫债券发行**

债项级别	2005—2014年			2015年			2016年前11月		
	发行数量（只）	发行规模（亿元）	加权息票率（%）	发行数量（只）	发行规模（亿元）	加权息票率（%）	发行数量（只）	发行规模（亿元）	加权息票率（%）
AAA	2	20	3.77	6	75	3.45	41	837	4.12
AA+				2	5	7.10	7	141	5.19
AA							1	6.8	7.50

续表

债项级别	2005—2014 年			2015 年			2016 年前 11 月		
	发行数量（只）	发行规模（亿元）	加权息票率（%）	发行数量（只）	发行规模（亿元）	加权息票率（%）	发行数量（只）	发行规模（亿元）	加权息票率（%）
无级别	4	40	4.03	3	50	4.35	13	263.40	3.58

资料来源：WIND Database。

②熊猫债券期限结构及平均票面利率

债券的期限结构是债券市场发展的重要考察因素，在已发行的 79 只熊猫债券中，早期的熊猫债券以 5 年以下的品种为主，近一年来，6—10 年期的长期债项开始增加。新世纪评级公司认为，这一方面与发行人试水，短期多发有关；另一方面与发行人所处的行业周期相关①。从熊猫债券的息票率来看，2015 年以前，长期债项的加权息票率高于短期债项，2016 年开始，考虑到长期的利率走向，债券的加权息票率与债券期限呈正相关。

表 8　**期限结构与熊猫债发行**

年份	2 年及以下			3—5 年			6—10 年		
	发行数量（只）	发行规模（亿元）	加权息票率（%）	发行数量（只）	发行规模（亿元）	加权息票率（%）	发行数量（只）	发行规模（亿元）	加权息票率（%）
2005—2014	2	20.00	4.75				4	40.00	3.54

① 曹曼茜（2016）：《从国际市场比较视角看熊猫债的发展》，上海新世纪资信评估服务有限公司。

续表

年份	2 年及以下			3—5 年			6—10 年		
	发行数量（只）	发行规模（亿元）	加权息票率（%）	发行数量（只）	发行规模（亿元）	加权息票率（%）	发行数量（只）	发行规模（亿元）	加权息票率（%）
2015	4	55.00	4.23	7	75.00	3.74			
2016	8	217.00	3.23	11	796.90	4.23	40	48.18	4.83

资料来源：WIND Database。

③熊猫债券的行业分类

从熊猫债券发行人的行业分布看，目前的发行人已经涵盖房地产业、建筑业、交通运输、仓储和邮政业、金融业、制造业等九个大类行业，其中房地产业、制造业和金融业占比最高，发行数量占比分别为34%、20%和19%，发行规模占比分别为42%、21%和14%。

与其他外国债券市场不同的是，中国熊猫债券市场的房地产业与建筑业的发行数量和发行规模显著高于金融业，这是由中国经济环境中的微观主体结构决定的，许多外资公司缺乏多元化的融资渠道。以香港“九龙仓集团”为例，该公司进入中国境内开展业务已经超过十年，境内资产超过1000亿元人民币。过去受到信贷政策的限制，人民币负债仅有四五十亿元，集团人民币负债比例过低，境内融资渠道单一，严重制约了企业的发展空间[①]。从 2015 年开始，随着人民币国际化的推进，中国监管机构正在逐步开放国内的债券市场，为外资公司开辟了在国内新的规范融资渠道。

同时不容忽视的是，熊猫债券市场虽然属于国际债券市场，以境外机构为主要融资方，但是目前房地产业和制造业中的大多数发行人实际上来自中国内地和香港地区，例如，注册地在香港的招商局集团（香港）有限公司、海航集团（国际）有限公司，注册地在开曼群岛的华润置地有限公司、碧桂园控股有限公司和世茂房地产控股有限公司等。如何真正吸引更多

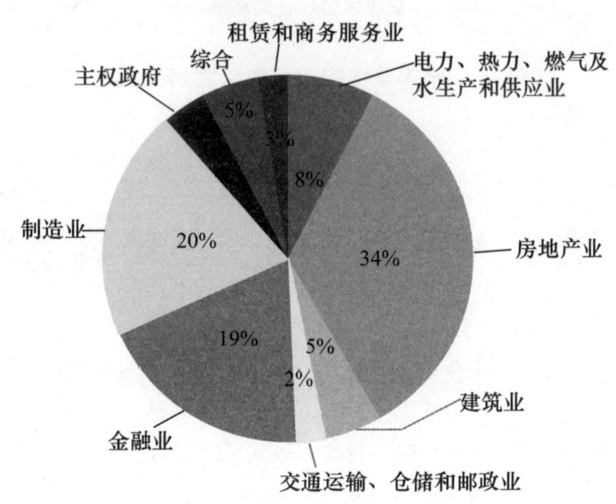

图 12　熊猫债券行业分布（发行数量）

资料来源：WIND Database。

---

① 《外资房企银行间首发债，人民币国际化加速“熊猫债”扩容》，《第一财经日报》，2016 年 10 月 20 日，第 A05 版。

的国家和境外机构在熊猫债券市场发债，丰富发行人主体结构，推广人民币在跨境贸易结算中的使用范围，仍需要进一步探索。

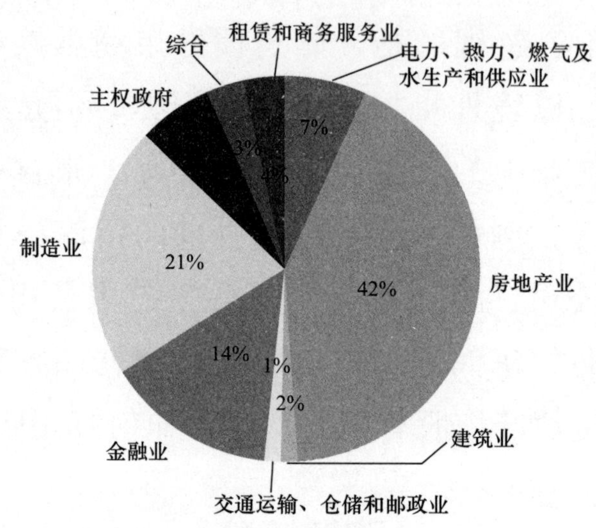

图 13　熊猫债券行业分布（发行规模）

资料来源：WIND Database。

5. 建立人民币跨境交易结算系统

货币跨境支付结算体系是货币国际化的基础设施建设。中国原有的人民币跨境支付结算主要依赖港澳人民币业务清算行和境内代理行两种渠道，他们在境内通过中国国家现代化支付系统（China National Advanced Payment System，以下简称 CNAPS）完成清算，该系统由大额支付系统（HVPS）和小额支付系统

(BEPS）组成。境外银行在代理行或清算行开立人民币清算账户，通过与环球同业银行金融电讯协会(SWIFT）传递跨境支付信息。受系统运行时间和电文转换的影响，原有人民币跨境清算渠道效率较低。此外，CNAPS系统无法隔离境内银行间支付业务与跨境人民币支付清算业务，难以保障系统安全。

自2009年中国跨境人民币业务试点启动以来，先后已有174个国家与中国发生跨境人民币支付业务，人民币跨境贸易结算金额从2010年不到2000亿元提升至2016年前十个月的4.4万亿元，使用CNAPS系统无法完全满足人民币业务的发展需求。需要进一步整合现有人民币支付结算渠道和资源，加强金融系统基础设施建设。为确保人民币跨境支付结算业务安全、稳定、高效进行，中国人民银行遵循《金融基础设施原则》等国际标准，于2012年开始推动建设人民币跨境支付系统（Cross-Border Interbank Payment System，以下简称CIPS)。历时三年，CIPS（一期）于2015年10月8日正式上线运行①。

CIPS（一期）的主要功能包括：为境内外机构的人民币跨境支付业务提供资金结算服务，支持人民币

---

① CIPS建设分两阶段进行，CIPS（一期）采用实时全额结算方式，主要服务于跨境贸易结算、跨境直接投资和其他跨境人民币结算业务。CIPS（二期）将研究采用更加节约流动性的混合结算方式，全面支持人民币跨境和离岸资金结算。

跨境结算、跨境直接投资、金融市场的跨境融资和个人汇款等业务。通过与 HVPS 系统等的连接，CIPS 可以为参与者提供跨境、跨时区、跨币种的高效支付结算服务。

CIPS（一期）主要在以下方面提高了清算效率：第一，CIPS（一期）从 HVPS 和同业拆借获得流动性支持，采用实时全额结算方式处理客户汇款和金融机构汇款。第二，CIPS 为境内直接参与者提供专线接入方式，各直接参与者一点接入、集中清算，缩短了清算路径。第三，CIPS 采用国际通行的 ISO20022 报文标准，采纳统一规范的中文四角码，支持中英文传输，充分考虑了与现行 SWIFT 报文转换的需要，提高了电文转换速度。第四，CIPS 运行时间延长为 9 点至 20 点，满足了更多时区人民币业务的发展需要。

6. 小结

自 2009 年至 2016 年，得益于国际社会对于多元货币体系的真实需求、中方政策推动，以及人民币升值预期，人民币国际化取得了重大进展。2016 年 10 月，人民币正式被纳入国际货币基金组织（IMF）的特别提款权（SDR）货币篮子，这意味着数年来人民币国际化的成就得到了世界的认可。

归纳起来，人民币国际化的成绩表现在以下几个方面：

第一，经常账户下跨境人民币结算发展迅速。跨境贸易人民币结算的绝对规模，已经由2009年第四季度的36亿元人民币上升至2016年第三季度的1.3万亿元人民币。受欧债危机影响，跨境贸易人民币结算规模在2011年下半年至2012年年初一度陷入停滞，2012年至2013年重新恢复快速增长。2014年3月，人民币汇率波幅从1%扩大至2%，跨境贸易人民币结算规模开始出现较大波动。2015年“8·11”汇改后，人民币跨境贸易结算增速下滑较为明显。作为内地参与全球贸易的重要转口基地，香港在跨境贸易人民币结算中扮演着重要角色，自2009年第四季度至2015年第一季度，大约80%的跨境贸易人民币结算均通过香港进行。

第二，资本账户下跨境人民币业务不断突破。人民币跨境流入的渠道越来越丰富，主要包括，RQFII（人民币境外合格机构投资者）、RFDI（外商人民币直接投资）、三大境外机构进入银行间债券市场、跨境人民币贷款、沪港通等。资本项目人民币流出渠道主要包含RQDII（人民币合格境内机构投资者）和RODI（境外人民币直接投资），以及企业对境外关联子公司的人民币贷款。其中，跨境直接投资（RFDI）和人民币境外合格机构投资者（RQFII）是资本项目下境外人民币回流的主要渠道。2016 年第三季度中国跨境直接投资人民币结算规模为 1.8 万亿元人民币，其中对外直接投资人民币结算规模为 8300 亿元，外商直接投资人民币结算规模为 10040 亿元。截至 2016 年 11 月，证监会还会进一步深化 RQFII 制度改革，突破 10 亿美元额度上限，增加资本进出的便利性。

第三，离岸人民币市场建设进展迅速。人民币离岸市场迅速发展。香港成为全球最重要的人民币离岸中心，新加坡市、台北、伦敦、卢森堡、巴黎和法兰克福等地人民币业务正在兴起。人民币清算行遍布亚洲、欧洲、美洲、非洲和大洋洲的主要金融交易市场。在 2015 年 10 月，中国人民银行更是建立了人民币跨境支付系统（CIPS），为境内外金融机构人民币跨境和离岸业务提供便利，是人民币国际化进程中重要的基础设施建设。自 2010 年 7 月以来，香港人民币存款从不足 1000 亿元增长至 2016 年 10 月的 6625 亿元。这源于香港是内地最重要的转口贸易港口，同时，中国人民银行与香港金管局合作，推出了一系列便利政策，极大地拓宽了香港人民币业务的空间。然而，香港人民币存款规模与跨境贸易结算相似，在 2011 年下半年至 2012 年初一度出现持续负增长的现象。2015 年“8·11”汇改后，香港人民币存款增速开始出现较大规模负增长。值得注意的是，在香港人民币存款中，定期存款占比从2009年的30%攀升至83%左右，这表明，当前香港人民币存款来源于跨境贸易结算资金流出，而且缺乏其他金融投资工具。

人民币国际化取得了巨大成就，但是发展基础并不稳固。根据SWIFT统计，人民币已经成为全球第五大支付货币，仅次于美元、欧元、英镑和日元，市场份额达到2%。根据国际清算银行三年一次的统计，人民币占全球外汇交易额的比重从2004年的0.1%提高到2016年的4%，排名在同期从第35位上升至第8位。显然，人民币已经成为国际货币舞台不可或缺的角色。然而，在资本账户尚未完全开放的前提下推进人民币国际化，境内外汇差和利差是重要推动力之一。随着人民币汇率趋于均衡水平，境内外汇差逐渐消失，而人民币汇率波幅扩大则进一步压缩了境内外套利的空间。在人民币国际化具备内生增长动力之前，不可避免地会出现短期波动甚至倒退。

“8·11”汇改后，人民币国际化业务暂时陷入低迷。2010年至2014年，人民币跨境贸易结算的平均增速为55%，香港人民币存款平均增速达到120%。然而，在2015年“8·11”汇改至2016年10月，月度人民币跨境结算总额从7750亿元下降至3600亿元，月度平均同比增速降至-30%；同期香港人民币存款从10000亿元下降至6625亿元，月度平均同比增速降至-25%。2016年新发行点心债为469亿元，增速下降50%。人民币国际化业务的低迷原因，主要有以下三点。

其一，人民币汇率波动幅度扩大，人民币升值预期消失，跨境套利空间不复存在。在2012年9月至2014年3月，人民币中间价的定价相对在岸和离岸即期汇率较低，而且在岸即期汇率相对离岸汇率定价也相对较低，表明人民币汇率有较强的升值预期。2014年3月，人民币波幅扩大至上下2%，人民币升值预期陡然下降，至2015年“8·11”汇改后，在岸即期汇率定价开始高于离岸汇率，人民币出现贬值预期。短短一年时间，人民币从升值预期转为强烈的贬值预期，很大一部分基于跨境套利的人民币国际化业务也出现了下滑。

过去人民币跨境贸易结算的比重虽然不断上升，但是采用人民币结算并不一定是以人民币计价。当人民币由升转贬的时候，很多原本采用人民币结算的国内进口商，会被外商要求支付美元；国内出口商则被外商要求支付人民币。而且，当离岸市场的人民币更便宜的时候，很多国内出口商会倾向于在离岸市场用美元结算，然后将人民币回流至大陆。从历史数据来看，香港离岸人民币存款的累积很大程度上都是源于人民币跨境套利活动。随着人民币升值预期消失，双向波动加剧，这类套利活动迅速下降，香港离岸人民币存款也随之减少。

其二，美元周期性上升降低了人民币的吸引力，境内外主体持有美元意愿上升。2015 年第三季度数据表明，银行代客结汇占银行涉外总收入的比重下降至 43%，而银行代客售汇占银行涉外总支出的比重上升到 67%，这反映企业获得美元后愿意留存或者购买美元，持有美元意愿上升。这一方面源于美元处于升值通道，境外的出口商更愿意以美元结算，所以中国企业进口商需要向银行购买外汇支出，涉外支出的售汇比率随之大幅上升。另一方面，由于香港离岸人民币相对在岸人民币贬值，企业在大陆购买外汇最划算，所以企业购汇上升，向银行结汇减少。

其三，境内外人民币融资成本逐渐趋同，点心债对境内企业的吸引力下降。在目前的国际货币体系中，人民币仍然是一个风险货币。在货币套利策略中，投资者倾向于使用日元或美元作为融资货币，选择澳大利亚元或新兴市场货币作为投资货币。人民币是高收益的风险货币，在大多数时候都是投资货币。人民币有升值预期时，持有点心债的投资者不仅可以获得利息收入还有潜在的升值收益。人民币出现贬值预期时，持有点心债的投资者则会要求更高的利息收入，用于弥补未来潜在的汇率损失。所以，点心债的利率水平会跟着贬值预期水涨船高。

在2013年，中国货币市场流动性比较紧张，很多企业倾向于在离岸市场发行点心债融资。当时有升值预期，而且国内利率较高，所以大家发债的热情也很高。现在转为贬值预期，国内短期利率也维持在低位，在岸和离岸的人民币利率水平逐渐趋同，大陆企业赴港发债的热情也逐渐下降。2016年，点心债发债规模仅为469亿元，增速下降50%。如果不打破贬值预期，点心债市场还会继续萎缩。

人民币国际化已经进入了一个新阶段。从长期看，中国经济发展仍有很大潜力，中国市场化改革尚有较大空间，全球金融稳定需要货币多元化的支持，这从根本上形成了人民币继续走向国际化的大趋势。但是，短期内人民币国际化则面临挑战，需要调整发展模式。市场主体是否使用和持有人民币取决于能否获得收益或者降低风险，近期市场变化的趋势是在不断降低持有人民币的边际收益。一方面，随着中国经济增长放缓、进出口贸易已趋平衡，人民币基本处于均衡合理水平，短期内升值空间有限；另一方面，全球流动性和人民币流动性出现逆转，未来一段时间中美货币政策的分化会进一步加剧，中美利差下降和美元汇率上升将会继续降低人民币的吸引力。此外，从贸易渠道来看，中国的外贸依然是以加工贸易为主导，产品定价权普遍较弱，很难继续增加人民币计价的比例。从资本流动渠道来看，官方对外援助或投资可以在一定程度上释放人民币流动性，但是国内金融机构的国际竞争力较弱，管理汇率风险的经验不足，对人民币国际化业务的推动作用相对有限。各方证据均表明人民币国际化已进入平稳发展的新阶段。未来需要通过逐步升级实体经济中产业和贸易结构，来提高人民币国际化的潜力，而且在开放资本账户的过程中，需要保持足够的审慎监管工具，避免跨境资本以金融泡沫的方式来推动人民币国际化。

三　金砖国家推动本币国际化的合作策略

1. 推动本币债券市场发展

金砖国家经济发展过度依赖银行体系（如中国与俄罗斯）或者是外币融资（如印度和巴西），其本币债券市场均不够发达。中国和俄罗斯，虽然拥有巨额外汇储备，却主要投向西方发达国家的债券市场。这些因素导致了金砖国家金融体系的货币与期限双重错配。如果通过大力发展本币债券市场，增强各国本币债券市场的投融资功能，将在较大程度上扭转金砖经济体在融资上对银行业或者是外币融资的过度依赖，以及在对外金融投资上对美元资产的过度依赖。

本币债券市场是降低金融风险、促进长期资本形成的主要场所，债券市场天然具有固定收益性、低波动性、合格机构投资性、交易大宗性，是较好的对外开放、吸引低风险偏好投资者的交易平台。作为基础性市场，债券市场可以在筹资和投资两方面发挥对外开放的渠道优势。而目前，从债券市场的产品结构和投资者结构来看，金砖国家本币债券市场尚有巨大的发展空间。

从推动本币国际化的角度来看，金砖国家发展本币债券市场的价值就更为显著。如前文所述，货币国际化的重要标志之一，是该种货币成为国际储备货币。国际储备的大部分并不会以现金形式存放，而是以该种货币计价的债券（通常是政府债券，也包括少量的大型金融机构债券和大型企业债券）形式存在。因此，只有当金砖国家的本币债券市场获得巨大发展之后，该种货币才有可能成为国际储备货币。从这个意义上讲，本币债券市场发展是金砖国家实现货币国际化的重要途径之一。

（1）增信担保机制建设

本币债券市场对投资者的吸引力取决于多方面因素，包括其所发行债券的风险和收益水平，本币债券市场的规模和流动性，货币发行国的金融开放程度，计价货币的国际化程度和汇率预期，等等。其中，债券的风险和收益水平是一个基本要素。从这一角度来看，信用评级机构对于融资者的信用评级直接决定了发债能否成功及融资成本的高低。因此，发展金砖国家债券增信担保机制，提高金砖国家政府和企业债券的信用等级，对于本币债券市场的发展十分重要。债券的信用等级一般由债券的发行人和担保人中较高者决定，当发债主体与外部担保主体完全相互独立时，二者的联合偿付能力大幅提升，降低债券违约概率的同时也降低了债券的发行成本[①]。笔者认为，可以从两方面加强担保机制建设，第一，由金砖银行为本币债券发行提供担保；第二，建立金砖担保基金为本币债券发行提供信用增级。

首先，金砖银行可以凭借自身的较高信用等级为本币债券发行提供担保服务。在此领域欧洲投资银行（EIB）及其下属的欧洲投资基金（EIF）的经验值得借鉴。EIB 和 EIF 通过广泛的传统担保工具支持着欧洲中小企业融资，其业务对象包括初创企业、创新型中小企业以及其他满足特定项目要求的中小企业，而担保（及反担保）涵盖的范围包括贷款、融资租赁及债券发行。此外，EIF 在新兴的资产证券化领域，十分注重担保工具的创新，通过为证券化产品的发起人提供担保，以帮助它们实现资金来源的多样化，以转移信用风险的方式降低经济成本和监管成本。近年来，

① 根据本报告的统计，在内资房企发行的海外债券中，有担保债券的平均发行利率比无担保债券的平均发行利率低 316 个基点。

EIB 和 EIF 已经成为欧洲中小企业信用增级的领导者，其多边开发银行的地位和 AAA 评级使得与之合作的金融机构能够对其担保的资产采用零风险权重。仅 2015 年，EIF 因担保业务获取的净收入高达 4956.1 万欧元。

其次，可以通过建立金砖国家信用担保基金对本币债券的发行提供担保。除去上述欧洲投资基金 EIF 外，日本信用保证协会为本国企业融资和债券交易提供担保便利的经验也值得借鉴。2004 年日本宣布建立“亚洲债券保险制度”，为在东亚国家投资的日本企业发行外国债券提供担保，帮助日本企业在投资国筹集资金，这项举措为日资企业在东亚各国通过发行债券筹集资金开辟了道路。金砖国家通过合资建立金砖担保基金，完全可以发挥类似日本信用保证协会的功能。该基金可以建立在金砖银行旗下，这样在运作上就成为欧洲投资银行及欧洲投资基金的模式。

（2）加强金砖国家银行间市场合作

银行间市场的建设，是一个国家债券市场发展的核心要素之一。目前，金砖各国债券市场仍然处于严重分割状态，各金砖经济体债券市场的制度法规、资信评级、会计风险审核及交易、清算结算系统等方面存在明显差异，债券市场的成熟度参差不齐，金砖国家债券市场的互联建设并没有随着债券发行量和交易量的提高而有所突破。以商业银行、保险公司为主的投资者结构，导致债券市场的交易倾斜于安全资产，市场资金无法充分流动，限制了债券市场筹融资功能的充分发挥。建议加强金砖国家银行间市场合作，具体措施包括：建设高效的金砖国家跨境清算结算体系；通过协商加强金砖国家会计审核准则和相关法律法规的兼容性；放宽金砖国家之间投资者准入条件从而丰富投资者结构，实现各金砖国家投资者在资金、信息、技术等方面的互补合作。上述措施的推进，将有助于投资者在金砖国家银行间市场实现多样化的投资收益并降低投资风险，有效扩大金砖国家银行间市场的交易规模，切实提高债券交易的换手率，带动资金的合理流动，促进各金砖国家债券市场的成熟稳定发展。

2. 增强金砖国家(跨境)本币投融资业务

促进金砖国家（跨境）本币投融资可以有多种模式：一是境外金融机构在某一金砖国家以该国货币融资，然后到境外（主要是另一金砖国家）进行投资；二是某一金砖国家金融机构在该国进行本币融资，然后到境外（主要是另一金砖国家）进行投资；三是金融机构在某一金砖国家以另一金砖国家货币进行融资，然后到境外进行投资，具体如表 9 所示。此外，在以上三种模式的基础上，可以衍生出另外三种模式，即融资金融机构不是对一国进行投资，而是以提供信贷融资的形式进行投资，所以可以有六种形式促进金砖国家跨境本币投融资。

表9　金砖国家跨境本币投融资模式

	融资机构	融资国家	币种	投资对象国
模式一	金砖国家A之外的金融机构	金砖国家A	金砖国家A的货币	对除国家A外任一金砖国家进行投资
模式二	金砖国家A的金融机构	金砖国家A	金砖国家A的货币	对除国家A外任一金砖国家进行投资
模式三	金砖国家A之外的金融机构	除国家A外任一金砖国家	金砖国家A的货币	对金砖国家（也包括金砖国家A）进行投资

根据以上模式，为促进金砖国家（跨境）本币投融资，特提出以下建议：

第一，积极推动金融机构在某一金砖国家以发行该国货币计价债券的形式进行融资，然后以该笔融资对该国或者另一金砖国家进行投资。例如，金砖银行可以在中国市场发行人民币计价债券，然后将所得资金在金砖国家进行投资。2005年和2013年，世界银行旗下的国际金融公司和亚洲开发银行等国际开发机构曾先后在中国银行间债券市场发行人民币债券（熊猫债），将资金投资于中国地区。未来考虑到人民币国际化、中国企业走出去以及中国在基础设施建设等领域的优势，在其他金砖国家以人民币进行投资是完全可行的。

第二，积极推动金砖国家相关机构以其他金砖国家货币进行融资，然后对本国进行投资或提供信贷支持。例如，2016 年 12 月俄罗斯财政部决定考虑在俄罗斯发行离岸人民币债券。因此，如果其他金砖国家商业银行或其他非金融机构发行人民币债券，将会为他们提供更多的融资来源。

第三，以金砖银行为依托，在五个金砖国家建立本币投资基金。这些基金由金砖银行负责运营，其具体的投资方向和业务模式可以与各国的实际需求相结合，例如，可以成立基础设施投资基金、气候变化投资基金等。各基金融资来源可以有多种形式，例如，可以在五国发行各自币种的债券，从而支持金砖国家本币债券市场建设。

3. 进一步推动货币互换和本币直接交易

当前，金砖国家虽建立有金砖国家应急储备安排，但这一安排着眼于金融稳定，主要在成员国面临国际收支压力时提供短期流动性支持，同时，这一安排下的货币互换是美元与各金砖国家的本币互换，而非金砖国家之间的本币货币互换。当前，中国已经同巴西

(但已失效)、俄罗斯、南非建有货币互换协议，未来应进一步完善金砖国家两两之间的本币互换网络，对于中国来说，应尽早重启同巴西的货币互换，同时积极探讨与印度建立货币互换的可能。对于其他国家来说，也应积极探讨彼此建立双边货币互换的可能。当前金砖国家货币中，人民币已经与卢布、兰特建立了直接交易，未来应继续推动在其他货币间建立直接交易关系。

4. 促进大宗商品的本币结算

当前全球政治经济环境极不稳定，导致大宗商品的价格随之剧烈波动。由于国际上绝大多数大宗商品都是采用美元定价，包括原油、天然气、铁矿石、铜矿、镍矿、粮食等大宗商品，这就使得金砖国家的企业只能被动接受价格的剧烈波动，这给企业的生产经营带来了较大风险。面对这一现象，金砖国家有必要尽快实现大宗商品本币结算，提高各国本币在全球大宗商品定价体系中的地位，推进大宗商品结算货币的多元化，这对于稳定金砖国家制造业价格和降低成本具有非常大的意义。如实现国际贸易中能源、矿产、粮食等与居民生活息息相关的大宗商品的本币计价，金砖国家不仅能够规避汇率波动对国内通胀的影响，还能减少因结汇、购汇等带来的企业交易成本，降低居民消费这些商品的生活成本。同时，金砖国家实现大宗商品本币结算，实际上也是为国际货币体系的多元化做出贡献。国际货币体系的多元化，很重要的一个方面就体现在大宗商品国际结算货币的多元化。

在金砖国家当中，中国和印度均是原材料需求大国，而俄罗斯和巴西则是原材料出口大国，这对在金砖国家之间形成需求与供给对接，在大宗商品交易中采用金砖国家货币计价结算是十分有利的。金砖国家的资源禀赋和巨大的经济发展空间，从根本上决定了其在国际大宗商品结算货币多元化的改革中扮演核心角色。应充分发挥这一优势，做好顶层设计，多手段推进大宗商品领域的本币计价。

首先，金砖国家应加快大宗商品国际交易平台建设，搭建以现货、场外、期货等多层级市场相结合，境内、境外投资者都可以参与的大宗商品市场体系，尤其是完善现货、期货、期权、远期、掉期交易的市场功能。

其次，应扩大本币计价商品的国际化应用。具体来看，应推动各国国际交易所的建设，促使各国境内期货交易所、现货交易市场加快铁矿石、棕榈油等本币计价商品合约的国际化交易进程，吸引境外投资者，扩大交易规模。此外，还可考虑各国碳排放的实际情况，主动开发碳交易中的各种本币标价的金融产品。

最后，还应完善大宗商品领域的配套金融服务。具体来看，一是需要建立金砖国家本币跨境清算支付系统；二是加强金砖国家商业银行在大宗商品领域的金融创新力度，例如，可以与商品期货交易所、现货交易平台、场外衍生品市场深化业务合作，支持其推出针对境内外投资者的本币计价商品标的，同时，为交易商提供集账户、兑换、结算、融资、理财、经纪、咨询于一体的综合金融服务；三是通过推动“金砖银行”为大宗商品交易提供金砖国家本币贸易融资以及设计相应的本币对冲工具等方式，来提升金砖国家货币对大宗商品的标价能力，为企业提供大宗商品结算所需要的风险管理工具。

5. 以区块链技术推进金砖国家跨境金融基础设施建设

本报告认为，利用区块链技术建立金砖国家跨境支付结算系统，有可能成为金砖国家跨境金融基础设施建设的关键环节之一，这不仅能够大幅提升金砖国家之间跨境本币结算的效率，并将对国际货币金融体系产生根本性的影响。

在当前国际货币体系下，美元是各国跨境支付和结算的主导货币。国际贸易的美元支付和结算主要通过“环球银行间金融电讯协会”（SWIFT）和“纽约清算所银行同业支付系统”（CHIPS）进行。SWIFT是全球银行业的神经中枢，与全球210个国家和地区保持密切的业务往来，每天提供跨行交易、金融信息交换服务的银行和金融机构高达1万多家，涉及金额高达6万亿美元。

区块链技术有可能从根本上改变现行国际支付结算体系。区块链本质上是一个去中心化的巨大分布式账本数据库。作为一种基于开源软件和建构上的P2P网络，在和货币相关的，如交易支付等领域，相比传统网络的支持方式，区块链具有许多特点，包括：去中心化、无须信任系统、去中介化、不可篡改、加密安全性。区块链的特性将改变传统金融体系运作的“中心—外围”模式：在金融机构上，以央行为中心，商业银行是外围；在跨境支付结算平台上，以SWIFT和CHIPS系统为中心，其余系统是外围。区块链因其安全、透明、分布式及不可篡改的特性，金融体系间的信任模式不再依赖中介者，许多银行业务都将“去中心化”，实现实时数字化的交易。

尽管区块链技术尚不完善，但是各方均认为区块链在跨境支付结算上有广阔的应用空间。当前的跨境支付结算时间长、费用高，又必须通过多重中间环节。

区块链可以摒弃中转银行的角色，实现点到点快速且成本低廉的跨境支付。通过区块链的平台，不但可以绕过中转银行，减少中转费用，还因为区块链安全、透明、低风险的特性，提高了跨境汇款的安全性，以及加快结算与清算速度，提高资金利用率。未来，银行与银行之间可以不再通过第三方，而是通过区块链技术进行点对点支付。省去第三方金融机构的中间环节，意味各国跨境支付可以不再依赖 SWIFT 和 CHIPS 系统。

区块链技术自身去中心化的特点，不需要第三方机构参与即可完成支付。这种方法颠覆了传统金融系统对于中心的依赖，降低了全球“信用”的建立成本。在美元霸权的国家货币体系下，美元作为国际货币的信用源于美国的经济实力。其他国家信任美元体系，才会采用美元作为中介进行支付和清算。而区块链由于具备安全、透明及不可篡改的特性，金融体系间的信任模式不再依赖中介者。这将会从根本上动摇美元在国际支付结算领域的统治地位。

海外机构已经意识到区块链对跨境支付结算的重要意义。当前，除了瑞银等提出的跨境支付清算“多功能结算币”（utility settlement coin），美国 Ripple 公司也是最早开展基于区块链概念进行跨境结算的金融科技公司，全球已有 17 个国家的银行加入合作，通过该公司的网络，可以直接进行点对点跨国转账。与此同时，SWIFT 也在努力构建自己的分布式账本平台，探索如何把分布式账本融入自身支付系统，运用区块链技术彻底改造自己。

由于区块链在监管方面仍然存在不足，金砖国家的金融机构并没有深度参与区块链跨境支付结算。但是，考虑到区块链技术对于国际支付结算体系可能产生的巨大影响，金砖国家内部应该积极推动建立基于区块链技术的跨境支付结算体系，并以此为契机在国际货币金融体系改革当中占据有利地位。

首先，应继续跟踪区块链技术的发展进程，逐步拓展区块链技术的应用范围。根据区块链科学研究所（Institute for Blockchain Studies）创始人梅兰妮·斯万（Melanie Swan）的观点，目前由区块链技术所带来的已有和将有的革新主要分为三类：区块链 1.0、2.0 以及 3.0。1.0 对应的是数字货币，这方面的应用和现金有关，包含如货币转移、汇兑和支付系统等。2.0 对应的是智能合约，这方面的应用主要在经济、市场、金融领域等，但其可延伸范围比简单的现金转移要宽广，可以涵盖如股票、债券、期货、贷款、按揭、产权和智能合约等。3.0 则对应的是超越货币、金融、市场以外的应用，主要在政府、健康、科学、文化和艺术方面。金砖国家对区块链的理解尚停留在数字货币第一层次，未来应该逐步鼓励区块链技术在金融领域的使用，加强金砖国家之间区块链机构的合作沟通。

其次，参与国际跨境支付清算区块链监管讨论，制定行业标准。金砖国家货币当局和金融机构应集合价值主张，共同建立行业标准，引导国际监管并制定金融体系新规则。目前，全球银行业区块链应用还在发展的初级阶段，面临一系列技术与模式选择，存在监管合规以及应用领域等多种不同的可能性。包括区块链金融科技公司、大型银行以及监管机构在内的三股力量，未来将会极大影响银行业区块链的应用方向及标准，其中监管将成为区块链技术应用的一支主导力量。当金砖国家内部实施区块链合作后，未来在参与国际规则谈判过程中可以发挥更大的影响力。金砖国家之间可以通过监管机构协商，建立行业监管及相应的技术标准，制定游戏规则，从而把握市场先机。

最后，建立金砖国家区块链合作平台，鼓励金融机构与金融科技公司合作，争取尽早建立基于区块链技术的金砖国家跨境支付系统。尽管美国和欧洲纷纷成立以区块链为基础的跨境支付公司，但是内部技术应用仍然存在较大不足。例如，美国 Ripple 公司发行的瑞波币（XRP）在流通中就遇到了很大问题，30%的货币由创始人和慈善机构持有。区块链跨境支付技术尚处于发展的初步阶段，或许还需要几年甚至十几年才能真正大规模应用。当前，金砖国家可以通过建立区块链合作平台，组织金融机构成立区块链实验室，与金融科技公司合作，发展应用于核心业务的技术，建立共同的行业标准，一方面逐步建立金砖国家跨境支付系统，另一方面积极参与全球同业标准的制定。

参考文献

刘东民：《应推动地方债离岸发行》，《中国金融》2016 年第 17 期。

宋爽、刘东民：《欧洲投资银行的中小企业非贷款业务及其对亚投行的启示》，《银行家》2016 年第 10 期。

吴宇：《人民币国际化之货币互换路径分析》，《上海金融》2013 年第 4 期。

BIS（2015），“Digital Currency”，Committee on Payments and Market Infrastructures of BIS，http：//www. bis. org/cpmi/publ/d137. pdf.

Christine Lagarde（2017），“Fintech—A Brave New World for the Financial Sector?”，https：//blogs. imf. org/2017/03/21/fintech-a-brave-new-world-for-the-financial-sector/.

Dong He，Karl Habermeier，etc.（2016），“Virtual Currencies and Beyond：Initial Considerations”，IMF Staff

Discussion Note, http: //www. imf. org/external/pubs/ft/sdn/2016/sdn1603. pdf.

Gao H. and Yu Y. (2012), "Internationalization of the Renminbi", Bank for International Settlements, BIS paper No. 61, pp. 105 – 24, http: //www. bis. org/repofficepubl/arpresearch200903. 05. pdf.

Javier Sebastian Cermeno (2016), "Blockchain in Financial Services: Regulatory Landscape and Future Challenges for its Commercial Application", Working Paper, BBVA Research, https: //www. bbvaresearch. com/wp-content/uploads/2016/12/WP_ 16 – 20. pdf.

Joseph S. Nye (2013), "BRICS without Mortar", Project Syndicate, April 3, https: //www. project-syndicate. org/commentary/why-brics-will-not-work-by-joseph-s--nye? barrier = accessreg.

Liu D. (2016), "Internationalization of China's Bonds Markets, Development of Offshore RMB Center and Provision of Global Safe Assets", in *Enter the Dragon: China in the International Financial System*, CIGI Press.

Liu D., Gao H., Xu Q., Li Y. and Song S. (2017), "China's Next Steps in Renminbi Internationalization: The Renminbi as a Reserve Asset and an Investment Vehicle, the 'Belt and Road' Initiative and the Role of

London", Chatham House.

Thorsten K. and Jeremy K. (2017), "Blockchain Technology—What's in Store for Canada's Economy and Financial Markets?", https://www.cdhowe.org/public-policy-research/blockchain-technology-%E2%80%93-what%E2%80%99s-store-canada%E2%80%99s-economy-and-financial-markets.

WEF (2016), "The Future of Financial Infrastructure", An Industry Project of the Financial Services Community, the World Economic Forum, http://www3.weforum.org/docs/WEF_The_future_of_financial_infrastructure.pdf.

The Chinese government has begun to gradually promote RMB internationalization since the 2008 global financial crisis. The pressing need for the reform of the international monetary system, the steady growth of the Chinese economy, the government's support and the RMB appreciation expectation over the past several years have worked together to propel RMB internationalization. Inclusion of RMB into SDR currency basket in October 2016 highlighted the international community's recognition of the achievement of RMB internationalization.

RMB internationalization faces many challenges today as the country is yet to achieve full capital account convertibility and RMB depreciation expectation is rising. Strengthening cooperation among BRICS countries to promote internationalization of their currencies is not only of vital importance for RMB internationalization but also a major step to propel diversified development of the international monetary system. ①

---

① The Institute of World Economics and Politics collaborates with other five think tanks from BRICS countries to implement the joint research "Wider usage of national currencies in international settlements, particularly among the BRICS". This report is the China's report of the joint research which is sponsored by International Politics and Financial Security Program.

1 The Background and Goal of China's Efforts to Promote RMB Internationalization

The Chinese government has promoted RMB internationalization against such a background that, on the one hand, the 2008 global financial crisis has made the international community keenly aware of the inherent instability of the international monetary system with the dominance of the US dollar and the urgent need of a diversified international monetary system as the most likely rational choice in the future, which has thus created real external demand for RMB internationalization; on the other hand, the tremendous progress that the Chinese economy has made through reform and opening up over more than three decades has provided the inherent driving force for RMB internationalization.

As early as in the era of the Bretton Woods system, US

scholar Robert Triffin identified the "Triffin Dilemma" that the country, whose currency is made a global reserve currency, must supply the world with an extra supply of its currency through continuous trade deficits to ensure its global liquidity; additionally, continuous trade deficits will lead to devaluation of its currency to weaken other countries' willingness to withhold it. The Triffin Dilemma still exists in the Jamaica system established after the collapse of the Bretton Woods system because the US dollar remains to be the dominant currency of the international monetary system. Some scholars had insisted before 2008 that the United States could afford long-term trade deficits because the return on its overseas investment would exceed the cost of its overseas financing. However, the 2008 global financial crisis has awakened the international community to the inherent instability of the dollar-led international monetary system. The financial crisis broke out because the US mode of low saving, high consumption and high debt built on the dominance of the dollar had become unsustainable. Besides, it was right because of the central role of the dollar in the international monetary system that the US sub-prime crisis had evolved so rapidly into a serious global financial crisis. In view of global financial stability, it is necessary to either introduce a supranational currency to root out the Triffin Dilemma or realize diversification of the international monetary system to ease the Triffin Dilemma. In reality, since it is difficult to introduce a supranational currency in the short and medium term, a diversified international monetary system has become the most feasible choice.

Based on this understanding, the Chinese government has begun to promote RMB internationalization since the global financial crisis, aiming to set up a diversified international monetary system to advance global financial stability and enhance China's financial robustness and competitiveness.

2 Policy Implementation and Progress of RMB Internationalization

1. Encourage Enterprises to use RMB Settlement in Cross-border Trade and Investment

In December 2008, China's State Council decided to carry out pilot program on RMB settlement in trade in goods between Guangdong, the Yangtze River Delta and Hong Kong, Macao and between Guangxi, Yunnan and ASEAN. In April 2009, the State Council decided to carry out pilot program on RMB settlement in cross-border trade in Shanghai and Guangdong's Guangzhou, Shenzhen, Zhuhai and Dongguan. In June 2010, People's Bank of China, Ministry of Finance, Ministry of Commerce, General Administration of Customs, State Administration of Taxation and China Banking Regulatory Commission jointly issued "Notice on issues concerning the expansion of pilot program on RMB settlement in cross-border trade", extending the pilot regions from Shanghai and four cities of Guangdong to more than 20 provinces and municipalities including Beijing, Tianjin, Jiangsu, Zhejiang and Fujian. In August 2011, the six government departments jointly issued "Notice on enlarging regions for RMB settlement in cross-border trade", extending the pilot regions to the whole country. It is noteworthy that, instead of putting forward the idea of RMB internationalization, the aim for the central government to advance this pilot program at that time was to help enterprises avoid exchange rate risk and reduce exchange loss. It showed that, during that period, the Chinese government was very cautious about RMB internationalization.

For the purpose of further expanding the use of RMB in cross-border trade and investment and regulating the banks and overseas investors in carrying out settlement for RMB-denominated foreign direct investment, the People's Bank of China had formulated "Administrative Rules on Settlement of RMB-denominated Foreign Direct Investment" on October 14, 2011. This means that overseas investors and the banks can carry out settlement for RMB-denominated foreign direct investment according to the new administrative rules, effectively expanding the cross-border use of RMB and substantially facilitating trade and investment while advancing the progress of RMB internationalization. On June 14, 2012, for the purpose of implementing "Administrative Rules on Settlement of RMB-denominated Foreign Direct Investment", facilitating RMB-denominated foreign direct investment by overseas investors and regulating the banks and financial institutions in carrying out settlement for RMB-denominated foreign direct investment, the People's Bank of China issued "Notice on Specifying Operating Rules on Settlement of RMB-denominated Foreign Direct Investment".

In addition, the People's Bank of China also made joint efforts with other related departments to adopt a series of supportive measures to facilitate the use RMB in cross-border settlement. On July 1, 2009, the People's Bank of China, Ministry of Finance, Ministry of Commerce, General Administration of Customs, State Administration of Taxation and China Banking Regulatory Commission jointly issued "Administrative Rules for the Pilot Program on RMB Settlement of Cross-Border Trade" to regulate the behaviors of pilot enterprises and commercial banks and prevent related business risks so as to promote trade facilitation and ensure smooth implementation of the pilot program on RMB settlement in cross-border trade. To implement "Administrative Rules on Pilot Program of RMB Settlement of Cross-border Trade Transactions", the People's Bank of China and the State Administration of Foreign Exchange had issued in July 2009 respectively "Regulations for Implementing the Administrative Rules on Pilot Program of RMB Settlement of Cross-border Trade Transactions" and "Notice on related issues concerning the declaration and statistics on international receipts and payments in RMB settlement of cross-border trade transactions", so as to facilitate implementation and progress of the use of RMB in cross-border settlement.

RMB cross-border settlement has been accelerating as China's international trade and direct investment keep growing. Currently, RMB cross-border settlement has been expanded to all regions in the country, with no geographic restrictions in overseas markets. According to statistics from People's Bank of China, RMB cross-border settlement has covered more than 210 foreign countries and regions. ①In term of capital, the amount of actual receipts and payments had both increased year by year before the "August 11" for-

---

① Bank of China: Cross border RMB policy Q&A, http://www.boc.cn/cbservice/cb11/201401/t20140108_2816514.html, Jan. 8, 2014.

eign exchange reform in 2015. After that, the actual receipts of RMB settlement in cross-border trade had begun to decline while the actual payments had fluctuated.

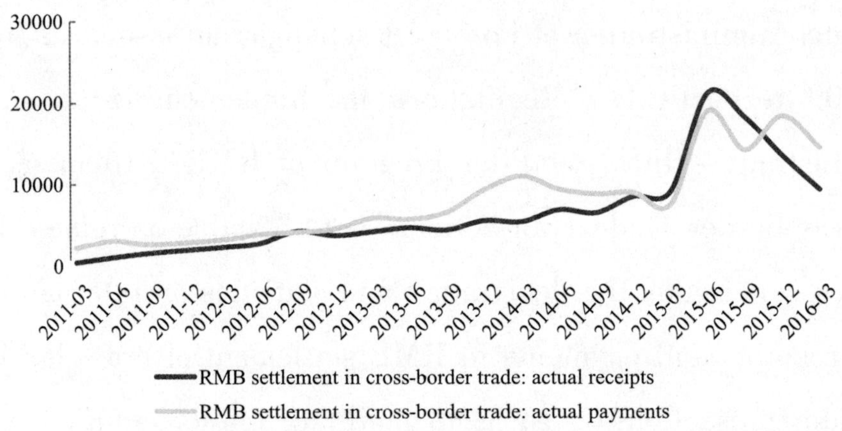

Figure 1 **Cross-border flow of RMB fund** (100 **million yuan**)

Data source: Wind Database.

The aggregate amount of RMB settlement in cross-border trade has reached 6.47 trillion yuan in the first ten months of 2016 among which trade in goods, standing at 3.46 trillion yuan, accounted for 54% of the total; foreign direct investment, 1.15 trillion yuan, 18%; trade in service and other current accounts, 931.6 billion yuan, 14%; outbound direct investment, 921.1 billion yuan, 14%.

To support implementation of RMB cross-border settlement, China's banks have set up RMB clearing mechanism in 21 countries and regions by the end of September, 2016,

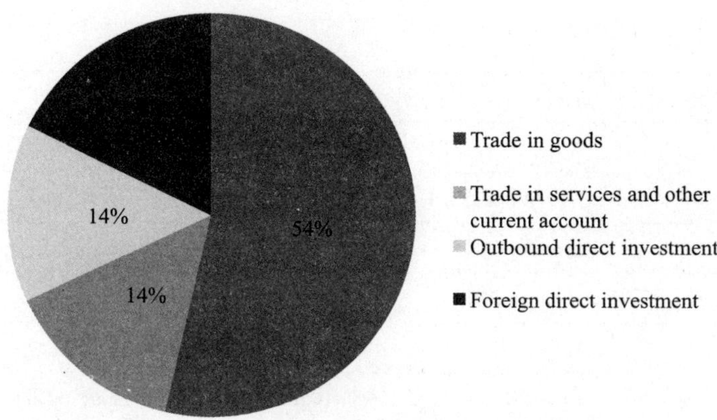

Figure 2 Cross-border RMB settlement in the first 10 months of 2016

Data source: People's Bank of China

covering Southeast Asia, West Europe, Middle East, North America, South America and Oceania.

Table 1 **Overseas RMB clearing banks**

Country and Region	Time	Overseas RMB clearing banks
Hong Kong, China	December 2003	Bank of China(Hong Kong) Limited
Macao, China	September 2004	Bank of China Macau Branch
Taiwan, China	September 2012	Bank of China Taipei Branch
Singapore	February 2013	ICBC Singapore Branch
UK	June 2014	CCB London Branch
Germany	June 2014	Bank of China Frankfurt Branch
South Korea	July 2014	Bank of Communications Seoul Branch
France	September 2014	Bank of China Paris Branch
Luxembourg	September 2014	ICBC Luxembourg Branch
Qatar	November 2014	ICBC Doha Branch

(contd.)

Country and Region	Time	Overseas RMB clearing banks
Canada	November 2014	ICBC (Canada) Limited
Australia	November 2014	Bank of China Sydney Branch
Malaysia	January 2015	Bank of China (Malaysia) Berhad
Thailand	January 2015	ICBC (Thailand) Limited
Chile	May 2015	CCB Chile Branch
Hungary	June 2015	Bank of China (Hungary) Close Ltd
South Africa	July 2015	Bank of China Johannesburg Branch
Argentina	September 2015	ICBC (Argentina) Limited
Zambia	September 2015	Bank of China (Zambia) Limited
Switzerland	November 2015	CCB Zurich Branch
USA	September 2016	Bank of China New York Branch

Data source: People's Bank of China.

2. Currency Swap and Direct Currency Trading with RMB

The purpose for People's Bank of China to sign currency swap agreements with overseas monetary authorities is not only to maintain regional financial stability but also, more importantly, to facilitate development of bilateral trade and investment. The amount of money for currency swap can be used to support local enterprises' trade and investment so as to promote use of the two sides' currencies in bilateral trade and investment, which will help not only lower the exchange risk that the fluctuation of the dollar will cause in the bilateral international economic activities between both sides of currency swap but also reduce exchange cost to boost bilateral trade and investment.

Since the 2008 global financial crisis, China has kept promoting currency cooperation and signing and renewing bilateral currency swap agreements with overseas central banks or monetary authorities. China has so far signed bilateral currency swap agreements with central banks or monetary authorities from 36 countries and regions including Hong Kong (China), Malaysia, Belarus, Indonesia and South Korea. By the end of 2016, the amount of money that those currency swap agreements actually involved has exceeded 3. 1 trillion yuan.

Table 2 **Bilateral local currency swap agreements signed between People's Bank of China and other central banks or monetary authorities**

The other party of Swap	Signing time	Swap size	Term
Hong Kong, China	2009. 1. 20	200 bn yuan/ 227 bn HK dollar	3 yrs
	2011. 11. 22 (renewed)	400 bn yuan/490 bn HK dollar (renewed)	
	2014. 11. 22 (renewed)	400 bn yuan / 505 bn HK dollar (renewed)	

(contd.)

The other party of Swap	Signing time	Swap size	Term
Malaysia	2009. 2. 8	80 bn yuan / 40 bn Malaysian ringgit	3 yrs
	2012. 2. 8 (renewed)	180 bn yuan/ 90 bn Malaysian ringgit (renewed)	
	2015. 4. 17 (renewed)	180 bn yuan / 90 bn Malaysian ringgit (renewed)	
Belarus	2009. 3. 11	20 bn yuan / 8 trn Belarusian ruble	3 yrs
	2015. 5. 10 (renewed)	7 bn yuan /16 trn Belarusian ruble (renewed)	
Indonesia	2009. 3. 23	100 bn yuan/ 175 trn Indonesian rupiah	3 yrs
	2013. 10. 1 (renewed)	100 bn yuan/175 trn Indonesian rupiah (renewed)	
Argentina	2009. 4. 2	70 bn yuan/38 bn Argentine peso	3 yrs
	2014. 7. 18 (renewed)	70 bn yuan / 90 bn Argentine peso (renewed)	
South Korea	2009. 4. 20	180 bn yuan / 38 trn South Korean won	3 yrs
	2011. 10. 26 (renewed)	360 bn yuan/64 trn South Korean won (renewed)	
	2014. 10. 11 (renewed)	360 bn yuan / 64 trn South Korean won (renewed)	
Iceland	2010. 6. 9	3. 5 bn yuan/66 bn Icelandic krona	3 yrs
	2013. 9. 11(renewed)	3. 5 bn yuan / 66 bn Icelandic krona (renewed)	
Singapore	2010. 7. 23	150 bn yuan/30 Singapore dollar	3 yrs
	2013. 3. 7(renewed)	300 bn yuan / 60 bn Singapore dollar(renewed)	
	2016. 3. 7(renewed)	300 bn yuan/60 bn Singapore dollar (renewed)	
New Zealand	2011. 4. 18	25 bn yuan/5 bn New Zealand dollar	3 yrs
	2014. 4. 25 (renewed)	25 bn yuan/5 bn New Zealand dollar (renewed)	
Uzbekistan (expired)	2011. 4. 19	0. 7 bn yuan / 167 bn Uzbekistan som	3 yrs

(contd.)

The other party of Swap	Signing time	Swap size	Term
Mongolia	2011. 5. 6	5 bn yuan/1 trn Mongolian tugrik	3 yrs
	2012. 3. 20(supplemental)	10 bn yuan / 2 trn Mongolian tugrik (expanded)	
	2014. 8. 21(renewed)	15 bn yuan/4. 5 trn Mongolian tugrik (renewed)	
Kazakhstan	2011. 6. 13	7 bn yuan/150 bn Kazakhstani Tenge	3 yrs
	2014. 12. 14(renewed)	7 bn yuan/200 bn Kazakhstani Tenge (renewed)	
Thailand	2011. 12. 22	70 bn yuan/320 bn Thailand baht	3 yrs
	2014. 12. 22(renewed)	70 bn yuan/370 bn Thailand baht (renewed)	
Pakistan	2011. 12. 23	10 bn yuan/140 bn Pakistani rupee	3 yrs
	2014. 12. 23(renewed)	10 bn yuan/165 bn Pakistani rupee (renewed)	
UAE	2012. 1. 17	35 bn yuan/20 bn UAE dirham	3 yrs
	2015. 12. 14(renewed)	35 bn yuan/20 bn UAE dirham (renewed)	
Turkey	2012. 2. 21	10 bn yuan/3 bn Turkish lira	3 yrs
	2015. 9. 26(renewed)	12 bn yuan/5 bn Turkish lira (renewed)	
Australia	2012. 3. 22	200 bn yuan/30 bn Australian dollar	3 yrs
	2015. 3. 30 (renewed)	200 bn yuan/40 bn Australian dollar (renewed)	
Ukraine	2012. 6. 26	15 bn yuan/19 bn Ukrainian hryvna	3 yrs
	2015. 5. 15 (renewed)	15 bn yuan / 54 bn Ukrainian hryvna (renewed)	
Brazil (expired)	2013. 3. 26	190 bn yuan/60 bn Brazilian real	3 yrs
UK	2013. 6. 22	200 bn yuan/20 bn GB pound	3 yrs
	2015. 10. 20(renewed)	350 bn yuan/35 bn GB pound (renewed)	
Hungary	2013. 9. 9	10 bn yuan/375 bn Hungarian forint	3 yrs
	2016. 9. 12 (renewed)	10 bn yuan/ 416 bn Hungarian forint (renewed)	

(contd.)

The other party of Swap	Signing time	Swap size	Term
Albania (expired)	2013. 9. 12	2 bn yuan/35. 8 bn Albanian lek	3 yrs
European Central Bank	2013. 10. 8	350 bn yuan/45 bn European euro	3 yrs
	2016. 9. 27 (renewed)	350 bn yuan/45 bn European euro (renewed)	
Switzerland	2014. 7. 21	150 bn yuan/21 bn Swiss frank	3 yrs
Sri Lanka	2014. 9. 16	10 bn yuan/225 bn Sri Lanka rupee	3 yrs
Russia	2014. 10. 13	150 bn yuan/815 bn Russian rouble	3 yrs
Qatar	2014. 11. 3	35 bn yuan/20. 8 bn Qatar riyal	3 yrs
Canada	2014. 11. 8	200 bn yuan/30 bn Canada dollar	3 yrs
Surinam	2015. 3. 18	1 bn yuan/0. 52 bn Surinamese dollar	3 yrs
Armenia	2015. 3. 25	1 bn yuan/77 bn Armenian dram	3 yrs
South Africa	2015. 4. 10	30 bn yuan/54 bn South African rand	3 yrs
Chile	2015. 5. 25	22 bn yuan/2200 bn Chile peso	3 yrs
Tajikistan	2015. 9. 3	3 bn yuan/3 bn Tajikistani somoni	3 yrs
Morocco	2016. 5. 11	10 bn yuan/15 bn Morocco dihram	3 yrs
Serbia	2016. 6. 17	1. 5 bn yuan/27 bn Serbian dinar	3 yrs
Egypt	2016. 12. 6	18 bn yuan/47 bn Egyptian pound	3 yrs

Data source: People's Bank of China.

In terms of the currency swap agreements that are currently effective, most countries and regions that have signed currency swap agreements with People's Bank of China come from Asia and Pacific area. But in recent years, the number of such countries from Europe, Africa and Latin America also increased gradually. China has signed currency swap agreements with other BRICS countries such as Brazil (expired) 、Russia and South Africa, creating favorable conditions for further promotion of use of their own currencies among BRICS countries.

Table 3 **Distribution of countries and regions with which China has signed currency swap agreements**

Areas	Countries or regions
Asia-Pacific Area	Hong Kong(China) , Malaysia, Indonesia, South Korea, Singapore, Uzbekistan(expired) , Mongolia, Kazakhstan, Thailand, Pakistan, UAE, Turkey, Australia, Sri Lanka, Qatar, Tajikistan
Africa	South Africa, Morocco, Egypt
South America	Argentina, Brazil(expired) , Surinam, Chile
Europe	Belarus, Iceland, Ukraine, UK, Hungary, European Central Bank, Switzerland, Russia, Armenia, Serbia, Albania(expired)
North America	Canada
BRICS	Brazil(expired) , Russia, South Africa

Data source: People's Bank of China.

Direct currency trading between RMB and foreign currencies represents another major step forward during the course of RMB internationalization that helps increasing RMB settlement in bilateral trade and investment and raises the international status of RMB. Meanwhile, direct currency trading with RMB can avoid the cost of denominating with the third party currency and reduce the exchange cost of transaction to facilitate bilateral trade, investment and financial cooperation.

Direct currency trading has been developed between RMB and 21 non-US dollar currencies. Since the establishment of the Bretton Woods system, the US dollar has played a central role in the international monetary system as the most important global currency for trade, investment and reserve. Therefore, in the beginning, direct currency trading was developed only between RMB and the US dollar on the back of which indirect currency trade had then been developed between RMB and other currencies. However, the use of US dollar as the medium of exchange both adds to the cost and inconvenience of currency trading between RMB and other foreign currencies and increases the exchange risk for both sides. Therefore, as RMB internationalization presses ahead and foreign economic and trade relations keep growing, it is urgent to establish a direct currency trading mechanism between RMB and other currencies. Hence, since 2010 China Foreign Exchange Trade System has first opened direct currency trading between RMB and Malaysian ringgit and then developed direct currency trading between RMB and 21 non-US dollar currencies including Russian roubble, Japanese yen, Australian dollar, New Zealand dollar, pound, Euro, Singapore dollar, Swiss franc, South African rand, Korean won, UAE dirham, Saudi riyal, Canada dollar.

Table 4 **Direct trading between China and non-US-dollar currencies**

Time	Direct trading currency	Time	Direct trading currency
2010. 8. 19	Ringgit (Malaysia)	2016. 9. 23	Dihram (UAE)
2010. 11. 22	Rouble (Russia)	2016. 9. 23	Riyal (Saudi Arabia)
2012. 5. 29	Yen (Japan)	2016. 11. 11	Canada Dollar (Canada)
2013. 4. 9	Australian Dollar(Australia)	2016. 12. 9	Swedish Krona (Sweden)
2014. 3. 18	New Zealand Dollar (New Zealand)	2016. 12. 9	Norwegian Krone(Norway)
2014. 6. 18	GB Pound (UK)	2016. 12. 9	Turkish Lira (Turkey)
2014. 9. 29	Euro (Euro zone)	2016. 12. 9	Mexican Peso (Mexico)
2014. 10. 27	Singapore Dollar(Singapore)	2016. 12. 9	Hungarian Forint (Hungary)
2015. 11. 9	Swiss Franc (Switzerland)	2016. 12. 9	Danish Krone (Denmark)
2016. 6. 17	Rand (South Africa)	2016. 12. 9	Polish zlty (Poland)
2016. 6. 24	Won (South Korea)		

Data source: China Foreign Exchange Trade System.

3. Construction of Off-shore RMB Financial Centers

Fundamentally speaking, to achieve full RMB internationalization, China must realize financial liberalization and full convertibility of capital account. But the reform of financial liberalization must be carried out step by step. To promote RMB internationalization under the condition of incomplete convertibility of capital account, it is very important to develop offshore RMB financial markets because such offshore markets are needed to provide non-residents holding RMB a platform for RMB-denominated trade, investment and settlement. And offshore markets should be properly separated from onshore markets. By now, RMB offshore financial centers have been set up in Hong Kong, Taibei, Singapore city, London, Frankfurt, Paris, Luxembourg and Toronto to provide RMB investment products in offshore markets through Dim Sum bonds, RQFII, cross-border loans, Shanghai-Hong Kong Stock Connect program and Shenzhen-Hong Kong Stock Connect program. During this process, China expands convertibility of capital account in an orderly and prudential approach.

(1) Dim Sum bonds

Dim Sum bonds refer to offshore bonds issued in Hong Kong by domestic financial institutions and enterprises. China Development Bank issued the first offshore RMB bond in Hong Kong in June 2007, ushering in a new chapter in the development of Dim Sum bond market. After the initial phase of development, Dim Sum bond market witnessed a period of explosive growth between 2010 and 2014. In 2014, issuance of Dim Sum bonds in Hong Kong totalled 183. 1 billion yuan, up 89% year-on-year, of which 90% were financial bonds and corporate bonds and more than 75% 1 – 3 year short-term bonds.

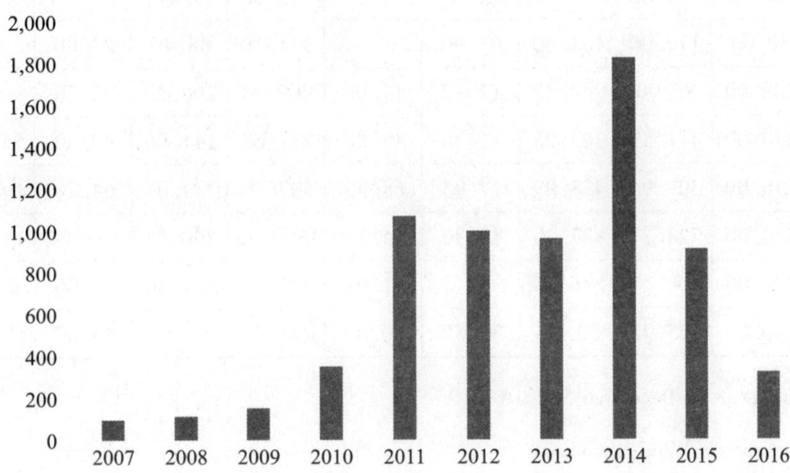

Figure 3 **Issuance of Dim Sum bonds** (100 **million yuan**)

Note: Data by December 5, 2016.

Data source: Wind Database.

Table 5 **Types and term structure of Hong Kong dim sum bonds**

Year	Types				Term				
	Government bonds (100 million yuan)	Financial bonds (100 million yuan)	Corporate bonds (100 million yuan)	Convertible bonds (100 million yuan)	1 yr and shorter (100 million yuan)	1 – 3 yrs (100 million yuan)	3 – 5 yrs (100 million yuan)	5 – 10 yrs (100 million yuan)	10 yrs and longer (100 million yuan)
2007		100. 00		58. 30		133. 30	25. 00		

(contd.)

Year	Types				Term				
	Government bonds (100 million yuan)	Financial bonds (100 million yuan)	Corporate bonds (100 million yuan)	Convertible bonds (100 million yuan)	1 yr and shorter (100 million yuan)	1 - 3 yrs (100 million yuan)	3 - 5 yrs (100 million yuan)	5 - 10 yrs (100 million yuan)	10 yrs and longer (100 million yuan)
2008		120. 00				120. 00			
2009	60. 00	100. 00		4. 47		155. 00	9. 47		
2010	80. 00	176. 00	131. 60	63. 90		341. 10	88. 40	22. 00	
2011	200. 00	75. 90	948. 83	17. 72	11. 00	869. 03	290. 22	72. 20	
2012	230. 00	411. 55	363. 25	17. 73	45. 80	731. 67	141. 56	48. 50	55. 00
2013	230. 00	307. 94	428. 09	17. 95	68. 93	597. 80	234. 05	64. 20	19. 00
2014	280. 00	723. 77	827. 70	19. 30	45. 82	1307. 30	290. 85	192. 80	14. 00
2015	270. 00	400. 17	246. 94		11. 97	497. 03	281. 86	96. 00	30. 25
2016	140. 00	125. 95	62. 00	33. 50	20. 00	254. 71	16. 74	55. 00	15. 00

Note: Data by December 5, 2016.

Data source: Wind Database.

After years of stable growth, Dim Sum bonds face new challenges against the pressure of RMB devaluation. Issuance of Dim Sum bonds plummeted between 2015 and 2016. The total Dim Sum issuance volume was 91. 7 billion yuan in 2015, roughly half of that in 2014. It declined further in 2016. By December 5, the total Dim Sum issuance volume has reached only 32. 7 billion yuan in 2016, basically as much as that in 2010. This fact shows that changing expectation on the foreign exchange rate of RMB is the major driving force behind the fluctuation of the Dim Sum issuance volume.

Dim Sum bonds issued in Hong Kong face three key challenges. The first is the lack of liquidity and a secondary market. Because of its limited market size, Dim Sum bond market is short of market-makers. According to data from the bond quotation website of the Central Moneymarkets Unit (CMU) with the Hong Kong Monetary Authority, all RMB-denominated bonds are not actively traded except the national bonds issued by China's Ministry of Finance, which is traded in the OTC market.

The second challenge is the lack of bond ratings and short maturity, and investors usually prefer to hold short-term bonds. Under the circumstances, offshore RMB-denominated bonds do not have a yield curve of RMB for reference and Hong Kong financial market cannot provide RMB bonds with high liquidity and reasonable duration structure.

The third is that bond issuance is affected by the exchange rate of RMB. As long as the current devaluation expectation exists, investor enthusiasm can hardly return. Inclusion of RMB into SDR and gradually more convertibility under capital account will add to the difficulties of keeping exchange rate stable and thus Dim Sum bond market might shrink further.

(2) RQFII

RQFII refers to RMB Qualified Foreign Institutional Investors. Through RQFII mechanism, overseas institutions can make use of RMB fund raised in offshore markets to invest in China's domestic capital market. On August 17, 2011, the then Vice Premier Li Keqiang said at a forum in Kong Kong that RMB Qualified Foreign Institutional Investors will be allowed to invest in the domestic securities market with a starting quota of 20 billion yuan.

Since then, qualified foreign institutional investors have gradually accelerated their participation in the domestic securities market under RQFII mechanism. In recent years, as RMB internationalization moves ahead and restrictions on asset allocation are gradually removed, investment through RQFII have increased steadily. RQFII invested 4599.2 billion yuan in 2015, on average 383.2 billion yuan per month, while having opened 942 accounts in China's A-share market by the end of 2015. In 2016, RQFII basically continued the momentum of steady growth of the previous year, investing 4,947.9 billion yuan in the first ten months and having opened 1,067 accounts in the A-share market by the end of October.

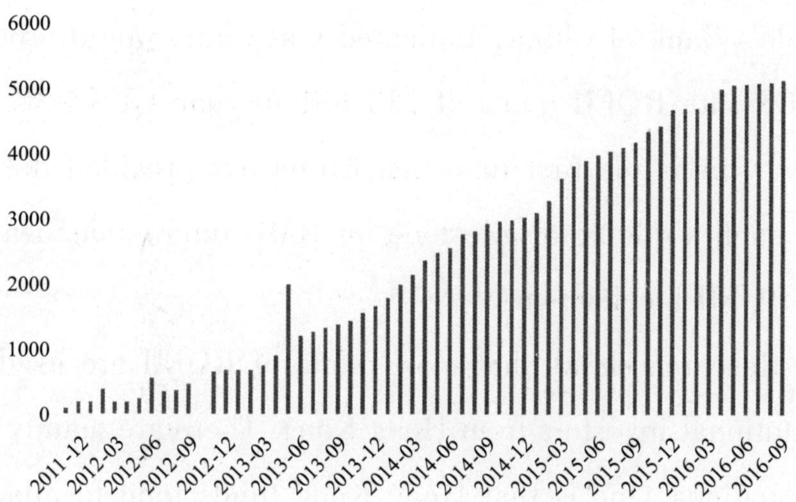

Figure 4　RQFII investment (100 million yuan)

Data source: Wind Database.

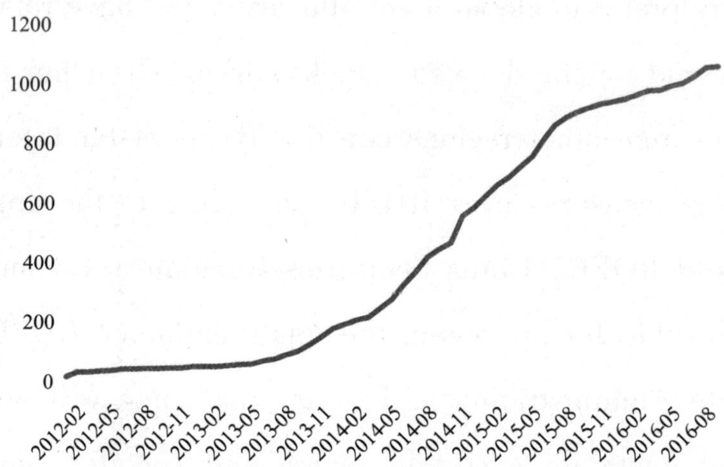

Figure 5　RQFII's A-share accounts

Data source: Wind Database.

During the two-day China-US Strategic and Economic Dialogue in June 2016, Yi Gang, deputy governor of People's Bank of China, indicated that China would provide the US with RQFII quota of 250 billion yuan (US $ 38 billion). This is the first time that China has provided the US with such a quota, a milestone for RMB internationalization and RQFII mechanism.

Research shows that most quota of RQFII are used by institutional investors from Hong Kong. There are mainly two explanations. One is that Hong Kong funds tend to allocate most of their assets in Asia Pacific areas and have high demand for domestic RQFII while funds from UK, France and Germany prefer to global asset allocation and have relatively few demand for the domestic stock market. The other is that investors from other regions can hardly understand complex regulatory measures over RQFII. According to the approval process of RQFII, China Securities Regulatory Commission is responsible for approving the qualification of RQFII and the State Administration of Foreign Exchange will approve the total quota for a certain region and specific quota for each financial institution. For overseas investors, each RQFII business will face restrictions over institutional qualification, approval of quota and structure of products. Since

Hong Kong banks and investors have done more businesses related to the domestic market, they are able to interpret such regulations in a more flexible way. If the RQFII mechanism is to be further expanded, it is necessary to further streamline its regulatory and approval system.

(3) Cross-border RMB Loans

Cross-border RMB loans is one of the measures that the Chinese government has taken to enable overseas financial institutions to channel overseas RMB back into the domestic market, ensuring use of RMB as a settlement currency to meet real trade and investment demand. In January 2013, Qianhai has become the first region in China to provide cross-border RMB loans, marking a new milestone in RMB internationalization. With construction of Qianhai being accelerated, the scope and procedure of RMB settlement in cross-border trade has been gradually expanded and optimized and the size of cross-border RMB loans has grown rapidly in Qianhai. By the end of March 2015, the registered volume of cross-border RMB loans in Qianhai had reached 91. 1 billion yuan with 22. 8 billion yuan having been withdrawn. The two figures in 2013 were 14. 8 billion yuan and 3. 36 billion yuan respectively. By now, more than 30 central SOEs and industrial leaders including China Everbright International, China Guangdong Nuclear Power Group, China Resources (Holdings), China Shipbuilding Industry Corporation, the S. F Express Company, Industrial Bank Financial Leasing Company, China Poly Group, China Gezhouba Group, HSAE, Guangxi Nonferrous Metals Group, Shenzhen MTC, Shenzhen Tianyuan Dic Information Technology Company, Longgang City Investment, Baoan Construction Investment Group, and China Aerospace Science and Industry Corp have entered Qianhai to engage in cross-border loan business for the support of low-cost capital. Based on the pilot program of cross-border RMB loans in Qianhai, the Chinese government has since extended such pilot programs to Xiamen, Quanzhou Experimental Area of Comprehensive Financial Reform and Fujian (Pilot) Free Trade Zone.

In December 2014, Qianhai Financial Holdings and 6 financial institutions from Shenzhen and Hong Kong arranged the first cross-border RMB syndicated loan in Qianhai, marking the debut and pricing of "Qianhai Concept" and cross-border RMB syndicated loan in Hong Kong interbank market, another milestone in cross-border RMB loans. Now, enterprises in Qianhai can not only raise funds from Hong Kong banks through overseas loans under domestic guarantee and direct loans but also obtain cross-border financing through syndicated loans. The arrangement of cross-border financing can significantly cut loan interest rates for enterprises. RMB loans that enterprises obtained from overseas financial institutions are priced according to market interest rates in Hong Kong the level of which is about 10% below the benchmark interest rates set by the central bank in the domestic market. And such loans have opened a channel of overseas financing for enterprises, especially large enterprises.

In comparison with the registered volume, the actual amount of loans that have been withdrawn are yet to be increased. In fact, as overseas RMB interest rates climb, the cost of cross-border RMB financing has also risen to shrink the price advantage of cross-border RMB loans.

In addition, the target clients of cross-border loans in Qianhai are enterprises registered in Qianhai most of which are newly set up and have only limited size and credit. Hong Kong banks usually can provide loans to them only with guarantee from domestic banks. Hence, it is more than often that only enterprises with high qualifications can obtain loans while small and medium-sized enterprises have little access to low-cost loans. In principle, it takes only two work weeks to get loans registered and granted. But the actual procedure for enterprises to withdraw loans is much more time-consuming. That Hong Kong banks have strict requirements over the usage, cost and term of loans also, to a certain extent, adds to the cost of guarantee and thus the cost of loans for enterprises. Besides the price factor, business insiders pointed out that another reason why the amount of funds withdrawn from cross-border loans in Qianhai is limited is the single source of capital provided only by banks in Hong Kong.

(4) Shanghai-Hong Kong Stock Connect

Shanghai-Hong Kong Stock Connect program refers to the scheme that Shanghai Stock Exchange and the Stock Exchange of Hong Kong permit investors from both sides to trade designated shares on the other market using their local clearing houses (or brokers). It is an investment channel that connects stock markets in Shanghai and Hong Kong. On April 10, 2014, China Securities Regulatory Commission (CSRC) officially approved the pilot stock connect program. The CSRC noted that the total quota for Shanghai-Hong Kong Stock Connect program is 550 billion yuan and the capital account balance of each individual investor participating the program should be no less than 500,000 yuan.

Shanghai-Hong Kong Stock Connect program includes two parts: the part of Shanghai stock connect refers to that investors can trade designated shares listed on Shanghai Stock Exchange by using Hong Kong dealers and the stock trading service company set up by the Stock Exchange of Hong Kong; the part of Hong Kong stock connect refers to that investors can trade designated shares listed on the Stock Exchange of Hong Kong by using domestic securities firms and the stock trading service company set up by Shanghai Stock Exchange.

As a major innovation of the two-way opening-up of China's capital market, "Shanghai-Hong Kong Stock Connect" has achieved maximum market effect with minimum institutional cost. The design of the principle of locality and close-ended settlement in the program has allowed investors from both sides to invest in the other market while using, to the maximum extent, laws, rules and trade habits in their own market. This marks the first step of two-way opening-up of China's capital market under the condition of regulatory transparency and rick control.

By November 2016, Shanghai-Hong Kong Stock Connect has had an aggregate trade volume of 3,565.751 billion yuan among which Hong Kong stock connect contributed 1,23.909 billion yuan and Shanghai stock connect 2301.843 billion yuan. A review of the achievement of "Shanghai-Hong Kong Stock Connect" shows that, though the overall trade volume is not as large as expected, the program has operated smoothly, standing the test of the volatile fluctuation in the A-share market while providing a replicable sample for other programs such as Shenzhen-Hong Kong Stock Connect and Shanghai-London Stock Connect.

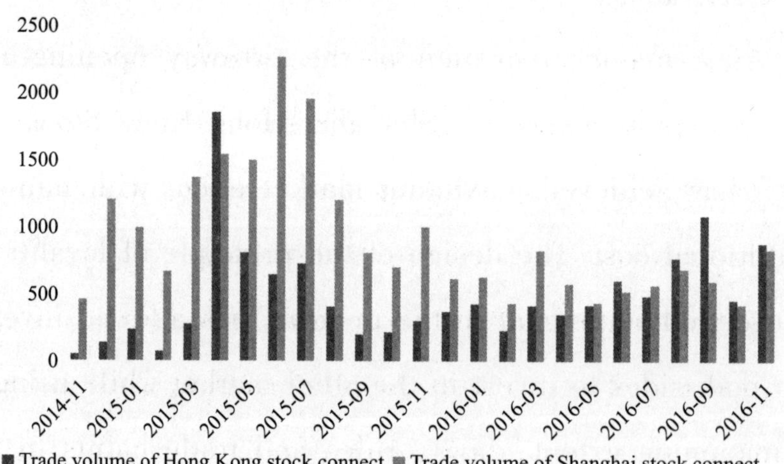

Figure 6 Trade volume of Shanghai-Hong Kong Stock Connect

(100 **million yuan**)

Data source: Wind Database.

(5) Shenzhen-Hong Kong Stock Connect

Shenzhen-Hong Kong Stock Connect refers to the technology connect built between Shenzhen Stock Exchange and the Stock Exchange of Hong Kong that enable domestic and Hong Kong investors to trade designated shares on the other market by using local securities firms or dealers. On December 5, 2016, Shenzhen-Hong Kong Stock Connect was officially launched. As Li Xiaojia, CEO of Hong Kong Stock Exchanges and Clearing, pointed out at the opening ceremony, if Shanghai-Hong Kong Stock Connect is the first step of inter-connectivity, now Shenzhen-Hong Kong Stock Connect marks the second step. Shenzhen-Hong Kong Stock Connect has replicated the successful experience of the pilot Shanghai-Hong Kong Stock Connect and served as another connectivity mechanism between the domestic stock exchange and that in Hong Kong. The launch of Shenzhen-Hong Kong Stock Connect is another major and meaningful step forward in boosting inter-connectivity between the domestic financial market and that of Hong Kong.

According to official statement, Shenzhen Stock Exchange announced on November 25 altogether 417 shares under Shenzhen-Hong Kong Stock Connect program including 100 from Hong Seng Composite Largecap Index, 193 from Hong Seng Composite Midcap Index, 95 from Hong Seng Composite Smallcap Index and 29 A + H shares beyond these indexes. These shares accounted for 87% of the total market valuation of the Stock Exchange of Hong Kong and 91% of the average daily trade volume. On the same day, the Stock Exchange of Hong Kong announced 881 shares under Shenzhen-Hong Kong Stock Connect program including 267 from the Main Board of Shenzhen Stock Exchange, 411 from the Small and Medium Enterprise Board and 203 from the Growth Enterprise Board, altogether accounting for 71% of the total market valuation of Shenzhen's A-Share market and 66% of the average daily trade volume.

Till the end of October 2016, more than 1,860 companies have been listed in Shenzhen Stock Exchange with a total market valuation of about 23 trillion yuan. By now, the trade volume has reached 64 trillion yuan, ranking high among all stock exchanges around the world. And the collective characteristic of listed companies in Shenzhen Stock Exchange is innovation and growth.

In retrospect, on the opening day of Shanghai-Hong Kong Stock Connect, investors' great interest to buy shares at Shanghai stock market contrasts sharply with their lack of interest about buying shares at Hong Kong Stock market. The former indicated that the attraction of the A-share market was far bigger than the Hong Hong stock market at that time and a leveraged bull had just started. Two years later, against the background of mounting deprecation pressure on RMB, it is hard to tell where the A-share market will go and if the old success can be repeated.

4. Opening-up of Interbank Market and Issuance of Panda Bond

(1) Opening-up of China's interbank market

In a sense, the process of RMB internationalization is the process to open China's capital account. By analyzing the opening-up of interbank market, we can clearly see cooperation between RMB internationalization and opening-up of capital account.

China's interbank market is composed of bond market (including securitization products), paper market, foreign exchange market and interbank loan market. For RMB internationalization, bond market is the most important one. Hence, the interbank market discussed below is mainly about bond market. During the course of RMB internationalization, a key problem has arisen as more and more RMB flew into overseas markets and were held by non-residents that is how to provide non-residents with ample RMB investment channels. International experience indicates that the most important investment channel for an international currency is the capital market of the issuing country including the bond market and the stock market. In terms of promoting RMB internationalization, opening-up of China's interbank market is to provide non-residents with investment channel to RMB-denominated bonds.

For currency internationalization, the more important value of opening-up of interbank market is to promote the currency to become an international reserve currency. One of the key symbols of successful currency internationalization is that the currency has become an international reserve currency as the US dollar, euro and pound did. Most international reserve currencies will not be saved in the form of cash but exist in the form of bonds denominated with these currencies. And these bonds have three characteristics: First, they have high credit rating and low default risk; Second, they have better return on investment than cash; Third, they boasts high liquidity and can be easily converted into cash. Bonds with these three characteristics will become global safe assets and thus investment targets for many countries as international reserves. From a long-term perspective, opening-up of China's interbank market is also the process to promote RMB-denominated bonds to become global safe assets and thus make RMB an international reserve currency.

Ⅰ. History of the opening-up of the interbank bond market

China began to open the domestic bond market to overseas institutions in August 2010 when People's Bank of China adopted a pilot policy to allow foreign central banks or monetary authorities, overseas clearing banks for RMB business, and overseas participating banks for RMB settlement of cross-border trade to invest in the interbank bond market with RMB funds. The scope of investors has since been gradually expanded.

Between 2011 and 2012, China Securities Regulatory Commission and People's Bank of China have released new rules to allow QFII/RQFII to enter the interbank market but the approval procedure remains time-consuming. In March, 2013, after issuing "Notice on issues concerning investment in the interbank bond market by qualified foreign institutional investors", People's Bank of China began to accelerate approval of the entry of QFII/RQFII into the interbank market.

In June 2015, People's Bank of China allowed overseas clearing banks for RMB business and overseas participating banks for RMB settlement of cross-border trade to invest in repo. In July 2015, People's Bank of China loosened rules on investment in the interbank bond market by three types of sovereign institutions including foreign central banks or monetary authorities, international financial organization and sovereign wealth funds by abolishing ex-ante approval of access and quota and expanding the scope of investment to include cash bond, bond repurchase, securities lending, bond forward, interest rate swap and forward rate agreement.

Since the beginning of 2016, People's Bank of China has considerably accelerated opening-up of the interbank bond market in terms of expanding the scope of investors and investment products. In February 2016, China extended access to the interbank bond market to more foreign institutional investors including overseas commercial banks, insurance companies, securities firms, fund management companies and other asset management agencies. It also clarified the entry procedure and regulatory measures for foreign central banks and similar institutions, restating that overseas institutional investors are subject to registration management; quota approval is abolished; foreign central banks and similar institutions do not need authorization or approval

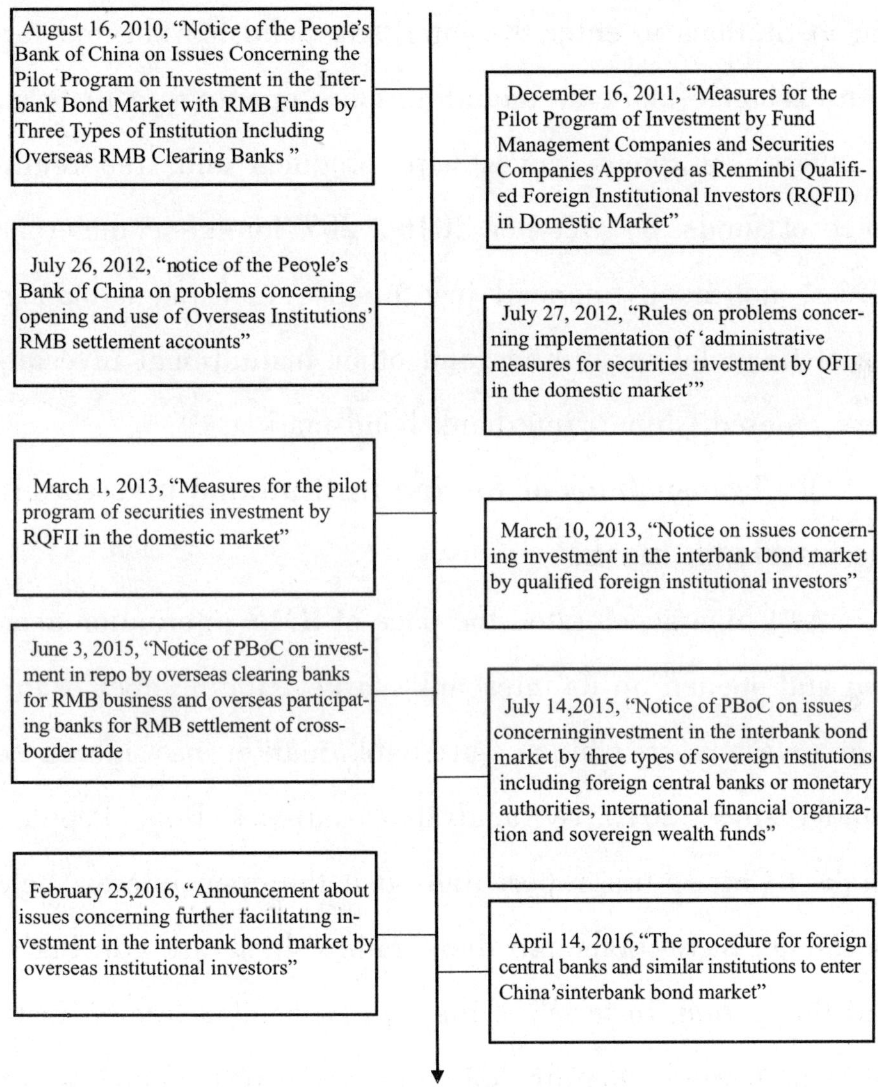

Figure 7 Policies to promote opening - up of the interbank bond market

Data source: websites of People's Bank of China and China Securities Regulatory Commission for outward remittances of funds related to their securities and foreign exchange investment. In April, China's central bank issued the procedure for foreign central banks and similar institutions to enter the interbank bond market and foreign exchange market, including more opening-up in terms of investment quota, investment products and free remittance of funds. By October 2016, 207 foreign commercial banks, non-bank financial institutions, investment managers of financial institutions and other institutional investors have entered China's interbank bond market.

Ⅱ. Transactions of foreign institutional investors in the interbank market

As China accelerated the pace of RMB internationalization and opened up its interbank market, the number of foreign investors in China's interbank market has increased rapidly since 2010. By analyzing statistics from People's Bank of China, this report finds that the open interest held by foreign institutions and their trade volume are growing amid fluctuation. In terms of the type of bonds, foreign institutional investors mainly hold rate securities among which government bonds and policy bank bonds accounted for more than 90%. In terms of trade volume, foreign investors have taken an increasingly big share of the interbank market with their open interest reaching 747.128 billion yuan, about 2.5% of the total depository trust in the market. In terms of spot trading of bonds, the transaction volume has increased

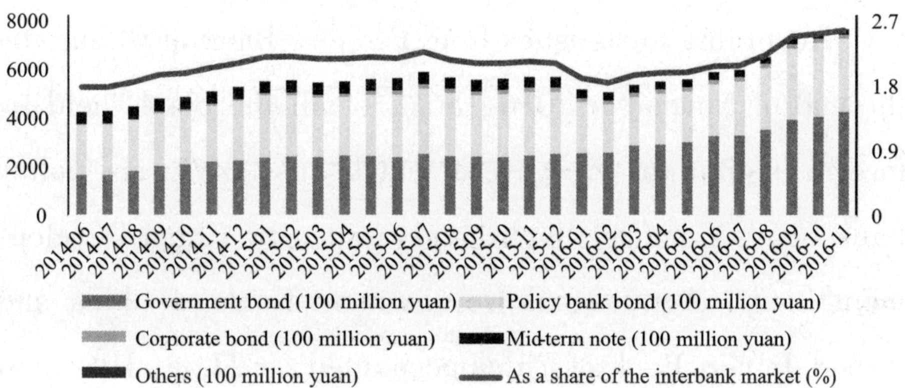

Figure 8 Bonds held by overseas institutions and their market share

Data source: People's Bank of China.

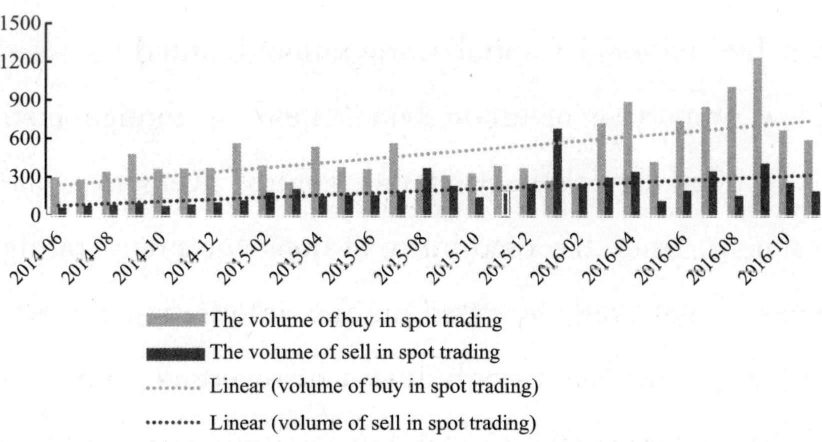

Figure 9 The volume of spot trading of bonds by overseas institutions in the interbank market (100 **million yuan**)

Data source: People's Bank of China.

year by year while the volume of buy is rising amid fluctuation and the volume of sell remains flat. The following figure clearly shows that there is an obvious rise in the total trading volume by foreign institutions in the interbank bond market.

According to statistics from People's Bank of China, by the end of November 2016, 56% of all the bonds held by foreign institutions are government bonds, 39% are policy bank bonds (among which bonds issued by China Development Bank, Agricultural Development Bank of China and Export-Import Bank of China accounted for 21%, 10% and 8% respectively), 3% and 2% are medium-term notes and corporate bonds, and the total of government bonds they held has reached 168.3 billion yuan. A research report by China International Capital Corporation Limited shows that the low proportion of credit bonds held by foreign institutions is related to their strict risk control over cross-border investment. Since the credibility of domestic credit rating agencies is not well accepted in the international market, most foreign institutions only invest in sovereign rating products. As the composition of foreign institutional investors became more diversified in recent years, the amount of corporate bonds and medium-term notes they held went up too. The amount of corporate bonds they held increased from

6. 987 billion yuan at the end of 2013 to 15. 899 billion yuan by the end of November 2016 while that of medium-term notes soared from zero to 18. 862 billion yuan.

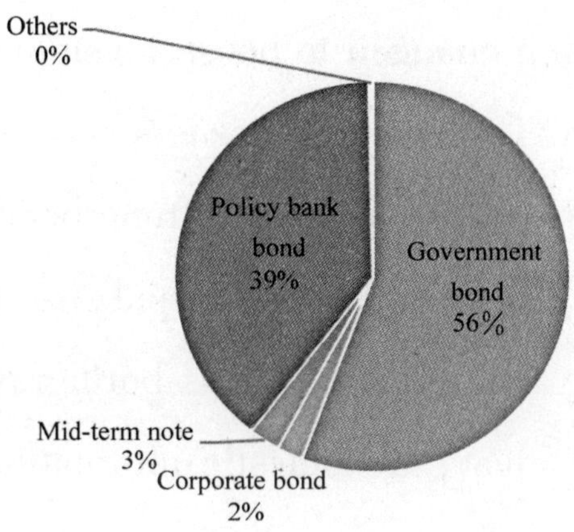

Figure 10　**The composition of bonds held by foreign investors in the interbank market** (**by November** 2016)

Data source: People's Bank of China.

(2) Issuance of Panda Bond

Panda Bond refers to RMB-denominated foreign bonds that foreign institutions issued in China. China began the pilot program of panda bonds in October 2005 when International Finance Corporation and Asian Development Bank had issued RMB-denominated bonds worth of 1. 13 billion yuan and 1 billion yuan respectively to set a precedent for foreign institutions to issue panda bonds in this country. However, because of regulatory restrictions over issuance approval and usage of fund, the panda bond market developed slowly in following years. Between 2005 and 2014, the total issuance of the panda bond market was only 6 billion yuan.

As RMB internationalization accelerated, regulatory policies have been changed to boost development of the panda bond market. The scope of issuers has been expanded; cross-border use of funds raised from bond issuance and funds for paying interest and principal are allowed for foreign institutions and rules on cross-border RMB settlement has been made clear; a domestic-international dual rating system has been adopted; use of accounting and auditing methods which are in accordance with domestic accounting standards and approved by China's Ministry of Finance has been allowed. In March 2014, Germany's Daimler AG successfully issued one-year Private Publication Notes in the interbank market to become the first foreign non-financial corporate that has issued debt financing instruments in China's interbank market. In 2015, the National Development and Reform Commission, the Ministry of Foreign Affairs and the Ministry of Commerce jointly issued "Vision and Actions on Jointly Building Silk Road Economic Belt and 21st-Century Maritime Silk Road", stressing that "We will support the efforts of governments of the countries along the Belt and Road and their companies and financial institutions with good credit-rating to issue Renminbi bonds in China." In September 2015, HSBC and Bank of China (Hong Kong) successfully issued the first panda bond issued by foreign financial institutions in the domestic inter-bank bond market. In December 2015, the government of South Korea issued the first sovereign panda bond worth 3 billion yuan to become the first foreign government allowed to issue RMB-denominated bonds in China. Driven by both policy support and declining interest rates, the panda bond market has expanded rapidly as both the scope of issuers and the size of bond issuance have been enlarged. The issu-

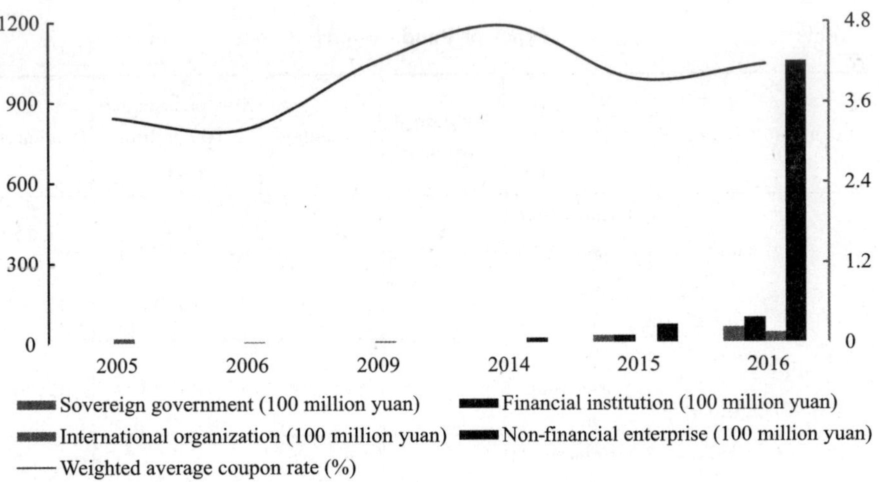

Figure 11 **Statistics on the size of issuance of Panda bonds between 2005 and November** 2016

Data source: Wind Database.

ance of panda bonds totaled 13 billion yuan in 2015 and has soared to 124.82 billion yuan in the first 11 months of 2016.

By the end of November in 2016, altogether 36 foreign enterprises, international organizations and sovereign governments have issued 79 panda bonds through public or private publication in the interbank bond market and the exchange bond market, including commercial paper, medium-term note, private publication note, commercial bank bond, international institutional bond, corporate bond and private bond. Panda bonds have gradually developed into a new channel of diversified financing for foreign institutions.

Table 6 **Types of Panda Bonds**

Location of listing	Bond types	Number of issuance	Percentage	Size of issuance (100 million yuan)	Percentage
Interbank bond market	Commercial paper	5	6.33	51.00	3.55
	Mid-term note	7	8.86	180.00	12.52
	Private publication note	9	11.39	180.00	12.52
	Commercial bank bond	5	6.33	46.00	3.20
	International institutional bond	9	11.39	170.00	11.82

续表

Location of listing		Bond types	Number of issuance	Percentage	Size of issuance (100 million yuan)	Percentage
Exchange bond market	Shanghai	Corporate bond	14	17. 72	182. 00	12. 65
		Private bond	27	34. 18	586. 40	40. 77
	Shenzhen	Private bond	3	3. 80	42. 80	2. 98
Total			79	100. 00	1438. 20	100. 00

Data source: Wind Database.

Ⅰ. Characteristics of the issuers and debt ratings in the Panda Bond market

Debt rating is an important condition for bond issuance. Because China's Panda Bond market is still in its early development, some fund-raisers that it has attracted have not got debt rating in the initial phase of issuance. Among all the panda bonds with debt rating, 83% are granted AAA by domestic or international rating agencies while 15% and 1.6% are granted AA+ and AA respectively. In terms of the size of issuance and coupon rate, like other types of bonds, the higher the debt rating is, the more proceeds the issuance will raise and the lower the coupon rate will be.

Table 7 **Debt rating and issuance of Panda bond**

Debt rating	2005 - 2014			2015			The first 11 months of 2016		
	Number of issuance	Size of issuance (100 millon yuan)	Weighed coupon rate (%)	Number of issuance	Size of issuance (100 millon yuan)	Weighed coupon rate (%)	Number of issuance	Size of issuance (100 millon yuan)	Weighed coupon rate (%)
AAA	2	20	3.77	6	75	3.45	41	837	4.12
AA +				2	5	7.10	7	141	5.19
AA							1	6.8	7.50
None	4	40	4.03	3	50	4.35	13	263.40	3.58

Data source: Wind Database.

Ⅱ. Term structure and average coupon rate of Panda Bond

The term structure of bonds is a key element to gauge the development of the bond market. Among all the 79 panda bonds issued, the term of most early-issued panda bonds is shorter than 5 years. But long-term debts with a term of 6 to 10 years are increasing in the past year. According to Shanghai Brilliance Credit Rating & Investor Service Company, this is related to not only the fact that issuers are testing with short-term bonds and high-frequency issuance but also the industrial cycle of the issuers. ①In terms of the cou-

① Manxi Cao (2016): "Panda Bond Development in the Perspective of International Market", Shanghai Brilliance credit Rating & Investors Service Co. Ltd..

pon rate of panda bonds, the weighted coupon rate of long-term bonds was higher than that of short-term bonds before 2015. Since 2016, a positive correlation between the weighted coupon rate and the term of bonds has come into being, given the long-term trend of interest rates.

Table 8 **Term structure and issuance of Panda bond**

Year	2 yrs and shorter			3 – 5 yrs			6 – 10 yrs		
	Number of issuance	Size of issuance (hundred millon yuan)	Weighed coupon rate (%)	Number of issuance	Size of issuance (hundred millon yuan)	Weighed coupon rate (%)	Number of issuance	Size of issuance (hundred millon yuan)	Weighed coupon rate (%)
2005 – 2014	2	20. 00	4. 75				4	40. 00	3. 54
2015	4	55. 00	4. 23	7	75. 00	3. 74			
2016	8	217. 00	3. 23	11	796. 90	4. 23	40	48. 18	4. 83

Data source: Wind Database.

Ⅲ. Industrial structure of Panda Bond

In terms of the industrial distribution of the issuers of panda bonds, the issuers have covered 9 major industries including real estate sector, construction, transportation, warehouse and postal service, finance and manufacturing. Among them, real estate sector, manufacturing and finance rank among the largest issuers while the number of their issuance accounted for 34%, 20% and 19% of the total and the size of their issuance 42%, 21% and 14% of the total respectively.

Unlike other foreign bond markets, China's Panda Bond market has far more and larger bond issuance from real estate and construction sectors than from the financial sector. This is determined by the micro structure of market players under China's economic environment that many foreign-funded companies lack diversified channels for financing. Take the Wharf (Holdings) as an example. This company has expanded its business into the domestic market for more than a decade, with its domestic assets exceeding 100 billion yuan. Due to restrictions of previous loan policies, its RMB-denominated debts amounted to only 4 to 5 billion yuan. Such a low proportion of RMB debts and limited channel to raise funds from the domestic market have seriously hindered the development of this company. ①Since RMB internationalization accelerated in 2015, China's regulators have gradually opened up the domestic bond market, providing a new and standardized channel of financing for foreign-funded companies.

It is also noteworthy that, though the panda bond mar-

① "Foreign Capital Real Estate Enterprises Issue Panda Bonds, Accelenating RMB Internationalization", *China Business News Day*, A05, Oct. 20, 2016.

ket belongs to international bond markets in which foreign institutions constitute the majority of the financing party, most issuers from real estate and manufacturing sectors actually come from the Chinese mainland and Hong Kong, such as China Merchants Group (Hong Kong) Limited and HNA Group (International) Limited which are registered in Hong Kong and China Resources Land Limited, Country Garden, and Shimao Property Holding Limited which are registered in Cayman Islands. More efforts are needed to explore how to attract more countries and foreign institutions to issue bonds

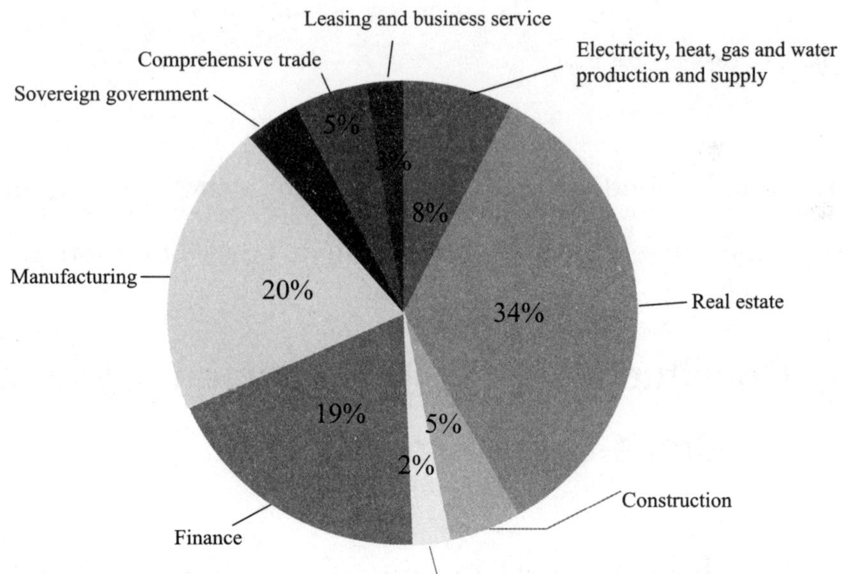

Figure 12 **The industrial distribution (issuance) of Panda bonds**

Data source: Wind Database.

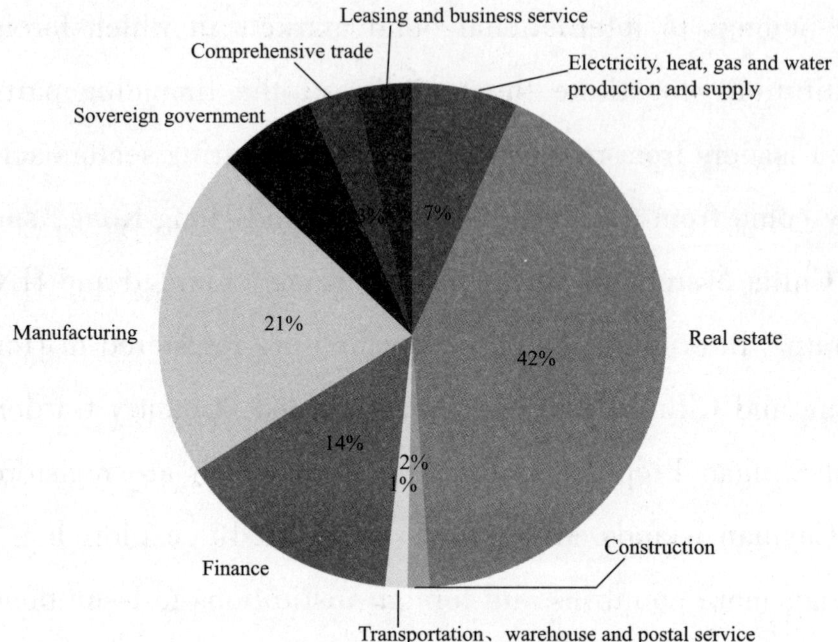

Figure 13 **The issuing scale of Panda bonds**

Data source: Wind Database.

in the panda bond market, diversify the structure of issuers and promote use of RMB settlement in cross-border trade.

5. Construction of RMB Settlement System for Cross-border Transaction

A settlement system for cross-border payment is infrastructure construction for internationalization of a currency. China's original RMB settlement for cross-border payment relied mainly on the two channels of clearing banks for

RMB business in Hong Kong and Macao and domestic agency banks both of which would settle accounts by using China National Advanced Payment System (CNAPS), a system consisting of High Value Payment System (HVPS) and Bulk Electronic Payment System (BEPS). Overseas banks will open RMB settlement accounts in agency banks or clearing banks and transmit cross-border payment information via Society for Worldwide Interbank Financial Telecommunication (SWIFT). Due to factors such as the time lapse for running the system and translation of code, the original channel for RMB cross-border settlement is not very efficient. Besides, CNAPS cannot separate domestic interbank payment from cross-border RMB payment settlement to ensure the safety of the system.

Since it launched pilot cross-border RMB business in 2009, China has already done cross-border RMB payment business with 174 countries. The amount of RMB settlement in cross-border trade has soared from less than 200 billion yuan in 2010 to 4.4 trillion yuan in the first ten months of 2016, making it impossible to fully meet the need for development of RMB business with CNAPS. It is necessary to integrate the existing RMB payment clearing channel and resources and enhance infrastructure construction for the financial system. To ensure safety, stability and efficiency of RMB cross-border payment settlement, People's Bank of China has begun to establish Cross-Border Interbank Payment System (CIPS) in 2012 in line with "Principles for Financial Infrastructure". The CIPS (Phase I) was officially put into operation on October 8, 2015①.

The main functions of CIPS (Phase I) include providing settlement for RMB cross-border payment by domestic and foreign institutions and supporting RMB cross-border settlement, cross-border direct investment, cross-border financing and personal remittance in the financial market. CIPS can provide participants with highly efficient cross-border, cross-time-zone, cross-currency payment settlement via its connection with HVPS.

CIPS (Phase I) has raised efficiency of settlement in following aspects: first, CIPS (Phase I) processes client remittances and remittances by financial institutions in real-time gross settlement with liquidity support from HVPS and interbank lending. Second, CIPS provide domestic direct

① Construction of CIPS is carried out in two phases, and CIPS (Phase I) provides real-time gross settlement for cross-border trade settlement, cross-border direct investment and other cross-border RMB settlement. CIPS (Phase II) will provide mixed settlement that is more liquidity-saving to comprehensively support RMB cross-border and offshore settlement.

participants with special line access that allows them to have one-point access, concentrate settlement and shorten path of settlement. Third, by adopting the internationally-recognized ISO20022 standard for financial services messaging and using the unified and standardized Chinese Commercial Code, CIPS has taken into full consideration the need of code switching with the current SWIFT code to support transmission in both Chinese and English so as to raise the speed of code-switching. Fourth, the operation period of CIPS has been extended from 9:00 to 20:00 to meet the need of the development of RMB business in multiple time zones.

6. Summary

Between 2009 and 2016, RMB internationalization made remarkable progress because of the urgent demand from the international community for a diversified international monetary system, China's policy support and appreciation expectation on RMB. In October 2016, RMB was officially included into the SDR currency bracket by the International Monetary Fund, highlighting global recognition of the achievements of RMB internationalization over the past years.

In summary, the achievements of RMB internationalization include following aspects.

First, RMB cross-border settlement under current account has developed rapidly. The absolute size of RMB settlement in cross-border trade has soared from 3. 6 billion yuan in the fourth quarter of 2009 to 1. 3 trillion yuan in the third quarter of 2016. Due to impact of the European debt crisis, the growth of RMB settlement in cross-border trade had stopped between the second half of 2011 and early 2012 but rebounded rapidly between 2012 and 2013. In March, 2014, after the daily range of RMB exchange rate fluctuation was enlarged from 1% to 2%, the size of RMB settlement in cross-border trade began to fluctuate vehemently. Since the "August 11" foreign exchange reform in 2015, the growth of RMB settlement in cross-border trade has decelerated significantly. As a key base of intermediary trade for domestic enterprises to take part in the global trade, Hong Kong has played a major role in RMB settlement in cross-border trade. Between the fourth quarter of 2009 and the first quarter of 2015, about 80% of RMB settlements in cross-border trade are done through Hong Kong.

Second, RMB cross-border business under capital account has been making breakthroughs. There are more and more channels for inward RMB cross-border flow including RQFII (RMB Qualified Foreign Institutional Investor), RFDI (RMB foreign direct investment), the entry of three types of foreign institutions into the interbank bond market, RMB cross-border loans and Shanghai-Hong Kong Stock Connect. Channels for outward RMB cross-border flow under capital account mainly include RQDII (RMB Qualified Domestic Institutional Investor), RODI (RMB Overseas Direct Investment) and enterprises' RMB loans to overseas subsidiary companies among which RFDI and RQFII are the main channels for inward flow of overseas RMB under capital account. In the third quarter of 2016, China's RMB settlement in cross-border direct investment amounted to 1.8 trillion yuan among which RODI and RFDI accounted for 830 billion yuan and 1.004 trillion yuan respectively. By Nov. 2016, the Chinese mainland has approved an aggregate RQFII quota of 329.8 billion yuan for 6 countries and regions. China Securities Regulatory Commission will further deepen reform of the RQFII mechanism to break the quota limit of 1 billion dollar and facilitate inward and outward flow of capital.

Third, construction of off shore RMB markets is proceeding a pace. Offshore RMB markets develop rapidly. Hong Kong has become the most important RMB off shore center in the world and RMB business is booming in Singapore city, Taipei, London, Luxembourg, Paris and Frankfurt. RMB clearing banks can be found in major financial trading market in Asia, Europe, America, Africa and Oceania. In October 2015, People Bank of China set up CIPS, a key infrastructure for RMB internationalization, to facilitate RMB cross-border and offshore business for domestic and foreign financial institutions. The amount of RMB deposits in Hong Kong had increased from less than 100 billion yuan in July 2010 to 662.5 billion yuan in October 2016. This is a result of the role that Hong Kong plays as the most important intermediary trade port for the mainland as well as cooperation between People's Bank of China and Hong Kong Monetary Authority to substantially expand the scope for RMB business in Hong Kong by adopting a series of supportive policies. However, like RMB settlement in cross-border trade, the growth of RMB deposits in Hong Kong had once turned negative between the second half of 2011 and early 2012. After the "August 11" foreign exchange reform in 2015, RMB deposits in Hong Kong witnessed massive negative growth. It is noteworthy that among

RMB deposits in Hong Kong, the proportion of term deposits climbed from 30% in 2009 to about 83% in 2016, indicating that RMB deposits in Hong Kong originate from the outflow of fund from cross-border trade settlement and have inadequate financial investment instruments.

RMB internationalization has achieved remarkable progress but its foundation for development is not solid. According to statistics from SWIFT, RMB has become the fifth largest global payment currency, ranking only behind dollar, euro, pound and yen and boasting a market share of 4%. According to a survey by Bank for International Settlement, the proportion of RMB in global transaction volume has increased from 0.1% in 2004 to 4% in 2016 while its ranking rose from the 35th to the 8th. Clearly, RMB has assumed a crucial role in the international monetary system. But one of the key driving forces to promote RMB internationalization under the condition of incomplete convertibility of capital account is the spread of foreign exchange rates and interest rates between domestic and overseas markets. As the exchange rate of RMB approaches the equilibrium level, the spread of foreign exchange rates between domestic and overseas markets gradually disappeared. And the expansion of the daily range of RMB exchange rate fluctuation has further diminished the room for exchange rate arbitrage between domestic and overseas markets. Before RMB internationalization becomes an inherent driving force, it is unavoidable that the process will suffer short-term turbulence and even setbacks.

After the "August 11" foreign exchange reform, RMB internationalization had been in the doldrums for a while. The average growth rate of RMB settlement in cross-border trade was 55% between 2010 and 2014 while that of RMB deposits in Hong Kong reached 120%. Nevertheless, between the "August 11" foreign exchange reform and October 2016, the monthly total of RMB cross-border settlement declined from 775 billion yuan to 360 billion yuan, on average down 30% per month over the same period last year. Meanwhile, the amount of RMB deposits in Hong Kong dropped from 1 trillion yuan to 662.5 billion yuan, on average down 25% per month over the same period last year. The new issuance of dim sum bonds in 2016 was 46.9 billion yuan and its growth rate declined by 50%. There are mainly three reasons why RMB internationalization was in the doldrums.

First, expansion of the daily range of RMB exchange rate fluctuation and the change of expectation over RMB appreciation had diminished the space for cross-border exchange rate arbitrage. Between September 2012 and March 2014, RMB central parity was fixed relatively lower than onshore and offshore spot rates and onshore spot rate was also relatively lower than offshore spot rate, indicating strong expectation over RMB appreciation. In March 2014, the daily range of RMB exchange rate fluctuation was enlarged to 2% in both directions. Since then, RMB appreciation expectation has plummeted. After the "August 11" foreign exchange reform, onshore spot rate began to be higher than offshore exchange rate and RMB depreciation expectation emerged. Within just a year, RMB appreciation expectation-was replaced by strong devaluation expectation, and a large part of RMB internationalization business based on cross-border arbitrage also declined.

Though the proportion of RMB settlement in cross-border trade has kept rising, RMB settlement does not necessarily mean that the trade is RMB-denominated. When the exchange rate of RMB turned from appreciation to depreciation, many domestic importers who had used RMB for settlement would be required by their foreign counterparts to pay in US dollar while domestic exporters were required by foreign counterparts to allow payment in RMB. Besides, when offshore RMB is cheaper, many domestic exporters incline to use US dollar for settlement in offshore markets and then recycle RMB back into the domestic market. Historical data showed that the accumulation of offshore RMB deposits in Hong Kong was largely a result of RMB cross-border arbitrage. As RMB appreciation expectation is gone and two-way fluctuation of RMB exchange rate widens, there will be less such arbitrage and hence less offshore RMB deposits in Hong Kong.

Second, the cyclical rise of US dollar will reduce the attractiveness of RMB while both domestic and overseas players will like to hold more US dollars. In 2015, the third quarter statistics showed that the proportion of banks buying foreign exchange to their total foreign receipts declined to 43% while their selling foreign exchange accounted for 67% of their total foreign payment. This indicated that enterprises were more willing to hold US dollars. On the one hand, because the US dollar is on the track of appreciation and overseas exporters prefer settlement in US dollar, Chinese enterprises and importers need to buy foreign exchange from banks for payment and the proportion of bank selling foreign exchange to their foreign payment has thus significantly increased. On the other hand, because of the relative depreciation of offshore RMB in Hong Kong against onshore RMB, it pays for enterprises to buy foreign exchange in the Chinese mainland. As a result, the purchase of foreign exchange by enterprises has increased while their sale of foreign exchange to banks declined.

Third, as the RMB financing cost gap between overseas and domestic markets narrows, dim sum bonds become less attractive to domestic enterprises. In the international monetary system, RMB is still a risk currency. In their currency arbitrage strategies, investors tend to use Japanese yen or US dollar as the financing currency and choose Australian dollar or emerging market currencies as the investment currency. As a high-yield risk currency, RMB is more than often an investment currency. When expectation on RMB appreciation is strong, investors who hold dim sum bonds can obtain not only interest income but also the potential benefit of appreciation. When expectation on RMB depreciation prevails, investors who hold dim sum bonds will require higher interest income to make up for the potential exchange rate loss in the future. Hence, the interest rate of dim sum bonds will rise with the depreciation expectation.

Liquidity in China's monetary market was quite tight in

2013 and many enterprises inclined to issue dim sum bonds in the offshore market. Because of RMB appreciation expectation at that time and relatively higher domestic interest rates, these enterprises were enthusiastic about issuance of dim sum bonds. But as RMB depreciation expectation prevails and domestic short-term interest rates remain low, onshore and offshore RMB interest rates have gradually converged and domestic enterprises lost their interest in bond issuance in Hong Kong. The issuance of dim sum bonds in 2016 was only 46.9 billion yuan, down by 50%. If RMB depreciation expectation persists, the market of dim sum bonds will continue to shrink.

RMB internationalization has entered a new development phase. In a long-term view, China's huge economic development potential and room for market-oriented reforms as well as the need of a diversified monetary system to support global financial stability would be the fundamental driving forces behind RMB internationalization. However, in the short term, RMB internationalization faces many challenges and needs to adjust its development mode. If market players using and holding RMB is determined by if they can obtain benefit or lower risk. The recent trend of market change keeps reducing the marginal benefit of holding RMB. On the one hand, there is limited room for RMB appreciation in the short term as China's economic growth is slowing down, import and export becomes balanced, and RMB exchange rate has basically reached an equilibrium level. On the other hand, there is an about-turn in global liquidity and RMB liquidity and the divergence between China's monetary policy and the US monetary policy will widen in the future. As a result, the narrowed interest rate gap between China and the US and the rise of US dollar will keep reducing the attraction of RMB. Moreover, since processing trade still accounts for a large share of China's trade and domestic exporters generally don't have much pricing power, it is difficult to increase the ratio of RMB-denominated trade. In terms of channels for capital flow, official development aids or investments may, to a certain extent, unleash RMB liquidity. But domestic financial institutions' lack of international competitiveness and experience in managing exchange risks has limited their role in promoting RMB internationalization. All evidences show that RMB internationalization has entered a new phase of stable development. China needs to gradually upgrade industrial and trade structure of its real economy in the future to raise the potential of RMB internationalization. Also, during the course to realize full convertibility of capital account, China needs to maintain ample prudential regulatory tools to prevent cross-border capital from promoting RMB internationalization with financial bubbles.

3 Cooperation Strategy for BRICS to Promote Internationalization of their Currencies

1. Promote Development of Bond Markets of Local Currencies

BRICS have relied heavily on banks (such as China and Russia) or international capital (such as India and Brazil) for boosting economic growth while the bond markets of their local currencies are all less developed. Though China and Russia boast huge foreign exchange reserves, most of such reserves are invested in the bond markets of western developed countries. These factors have led to currency and maturity mismatching in the financial systems of BRICS. If efforts can be made to develop the bond markets of their local currencies and enhance the investment and financing functions of these markets, BRICS will to a large extent reduce their excessive dependence not only on banks or international capital for financing but also on dollar assets for outbound financial investment.

The bond markets of local currencies are the main place to lower financial risks and boost long-term capital formation. Since the bond market is usually related to fixed-income products, low volatility, qualified institutional investors and block trade, it makes an ideal open transaction platform for investors with high risk aversion. As a fundamental market, the bond market can bring into full play its advantage as an opening-up channel in fund-raising and investment. In terms of the structure of products and investors, there is still ample room for development of the bond markets of BRICS currencies.

The importance of developing bonds markets of local currencies is even more obvious given BRICS' need to promote internationalization of their currencies. As above mentioned, one of the key symbols of currency internationalization is that this currency has become an international reserve currency. Most international reserves will be kept not in the form of cash but in the form of bonds denominated with this currency (usually including government bonds as well as a few large-cap financial bonds and corporate bonds). Therefore, their currency can possibly become an international reserve currency only after the development of bond markets with BRICS local currencies has made huge progress. In this sense, development of their local currency bond markets is one of the important steps to help BRICS realize currency internationalization.

(1) Establishment of a credit-enhancing and guarantee mechanism

For investors, the attraction of local-currency bond markets is determined by multiple factors including the risk and yield of bonds they issued, the size and liquidity level of the bond market, the financial openness of the currency-issuing country, the degree of internationalization of the denomination currency and its exchange rate expectation and so on. Among them, the risk and yield of bonds is an elemental factor. In this regard, credit rating agencies' rating over the fund-raiser will directly decide not only if the bond issuance will succeed but also the cost of financing. Hence, it is crucial to the development of local-currency bond markets for BRICS countries to establish a guarantee mechanism of bond credit enhancement to raise credit ratings for their government and corporate bonds. Generally speaking, the credit grade of bonds is determined by the higher one between the issuer and the guarantor. When the bond issuer and the external guarantor are completely independent from each other, their cooperation will substantially improve their joint debt-paying ability to lower default risk and issuance cost. ①We think efforts should be strengthened in two aspects for establishing a guarantee mechanism. First, the New Development Bank (BRICS bank) should provide guarantee for local-currency bond issuance. Second, a BRICS guarantee fund should be set up to provide credit enhancement for local-currency bond issuance.

First, the New Development Bank can make use of its high credit rating to provide guarantee service for local-currency bond issuance. In this regard, the experience of European Investment Bank (EIB) and its subsidiary European Investment Fund (EIF) is worth learning. Through a number of traditional guarantee tools, EIB and EIF have supported financing by small and medium-sized European enterprises including start-ups, innovative small and medium-sized enterprises (SMEs) and other SMEs meeting specific

---

① According to the author's statistic, the average issuance interest rate of domestic real estate enterprises that have gnarantee is 316bp lower than that without guarantee.

program requirements. And the business scope of their guarantee (counter guarantee) covers loans, financial leasing and bond issuance. Besides, in the emerging business of asset securitization, EIF has attached great importance to innovation of guarantee tools. It helped issuers of securitization products to diversify sources of funds by providing guarantee for them. And it also helped lower economic cost and regulatory cost by means of credit risk transfer. In recent years, EIB and EIF have become the leader of credit enhancement for European SMEs. Their status as a multilateral development bank and their AAA grade had enabled financial institutions in cooperation to apply a zero risk weight to assets under their guarantee. In 2015 alone, EIF had obtained a net income of 49.561 million euro from guarantee business.

Second, a BRICS credit guarantee fund can be set up to provide guarantee for local-currency bond issuance. In addition to the above-mentioned EIF, the experience of the Credit Guarantee Association in Japan in providing guarantee to facilitate financing and bond transaction by Japanese enterprises is also worth learning. In 2004, Japan announced the establishment of "Asian Bond Insurance Mechanism" to provide guarantee for issuance of foreign bonds by

Japanese enterprises investing in East Asian countries, helping them raise funds in the destination country of investment. This measure has opened a new path for Japanese enterprises to raise funds through bond issuance in East Asian countries. A guarantee fund co-funded by BRICS countries can surely assume a similar role as the Credit Guarantee Association in Japan has done. And this fund can be set up under the New Development Bank so they can operate in the model of EIB and EIF.

（2）**Strengthen interbank market cooperation among BRICS**

Construction of the interbank market is central to the development of one country's bond market. Currently, the bond markets of BRICS are still severely separated from each other not only because of the stark difference among their rules and regulations, credit ratings, accounting risk audit and settlement system for transaction and clearing but also the different degrees of maturity of their bond markets. The connectivity construction among the bond markets of BRICS has not made a breakthrough while their bond issuance and transaction volume are rising. The structure of investors, most of which, are commercial banks and insurance companies, has led to the predominance of safe asset in the market transaction, limiting free flow of market capital and weakening the bond market's function of financing and fund-raising. It is our suggestion that BRICS should strengthen interbank market cooperation through following measures: setting up an efficient BRICS cross-border clearing settlement system; improving compatibility among their accounting and auditing standards as well as related laws and regulations through consultation; relaxing requirements on access for investors among themselves to diversify the structure of investors and allow complementary cooperation among BRICS investors in the aspects of capital, information and technology. Implementation of these measures will help investors realize diversified investment returns in the BRICS interbank markets and reduce investment risks, effectively increase transactions and turnover rate to facilitate reasonable flow of capital and promote stable development of interbank markets in BRICS countries.

2. Boost (cross-border) Investment and Financing with BRICS Currencies

There are several models to boost (cross-border) investment and financing with BRICS currencies: the first is that overseas financial institutions will raise funds with local currency in one BRICS country for their overseas investment (mainly in another BRICS country); the second is that domestic financial institutions from one BRICS country will raise funds with local currency for their overseas investment (mainly in another BRICS country); the third is that overseas financial institutions will raise fund in one BRICS country with the currency of another BRICS country for their overseas investment as Table 9 shows. In addition to the above-mentioned three models, three other models can be developed that fund-raising financial institutions will not invest in one country but invest through providing credit financing. So, there can be six models to boost (cross-border) investment and financing with BRICS currencies.

Table 9 **Models for cross-border investment and financing with BRICS currencies**

	Financing institution	Financing country	Currency	Investment destination
Mode 1	Financial institutions beyond BRICS country A	BRICS country A	Currency of BRICS country A	Investment in BRICS countries except A
Mode 2	Financial institutions from BRICS country A	BRICS country A	Currency of BRICS country A	Investment in BRICS countries except A

(contd.)

	Financing institution	Financing country	Currency	Investment destination
Mode3	Financial institutions beyond BRICS country A	BRICS countries except A	Currency of BRICS country A	Investment in BRICS countries (including A)

According to the above models, we make following suggestions to boost (cross-border) investment and financing with BRICS currencies:

First, financial institutions should be encouraged to raise funds from one BRICS country with local currency and then use them to invest in another BRICS country. For instance, the New Development Bank can issue RMB-denominated bonds in China and then use the fund raised to invest in BRICS countries. International development institutions like the International Finance Corporation under the United Nations and Asian Development Bank had issued RMB bonds (Panda Bond) in China's interbank bond market in 2005 and 2013 respectively for investment in China. In consideration of RMB internationalization, the "going-out" of Chinese enterprises and China's advantage in infrastructural construction, it is fully workable to invest in other BRICS countries with RMB.

Second, related institutions of BRICS countries should

be encouraged to raise funds in local currencies of other BRICS countries and then use them for domestic investment or providing credit support. For instance, Russia's ministry of finance decided to issue offshore RMB bonds in Russia in December 2016. Therefore, the issuance of RMB bonds by commercial banks or other non-financial institutions in other BRICS countries will provide them with more sources for financing.

Third, the BRICS countries should set up investment funds with local currencies based on the New Development Bank. These funds will be operated by the New Development Bank, and their investment direction and business mode will be designed according to the actual demand of each BRICS country. For example, they can set up infrastructure investment fund and climate change investment fund. There can be multiple financing sources for these funds. For instance, they can issue local currency bonds in the five countries so as to support the development of the local currency bond markets of BRICS countries.

3. Further Promote Currency Swap and Direct Trading with Local Currency

Though BRICS countries have established a Contingent

Reserve Arrangement, this arrangement aims to maintain financial stability by providing short-term liquidity support when member countries face international payment pressure. Meanwhile, the currency swap under this arrangement is one between US dollar and local currencies of BRICS, not one among BRICS currencies. Currently, China has signed currency swap agreements with Brazil (expired), Russia and South Africa. In future, a currency swap network among local currencies of BRICS countries should be improved. For China, it should restart currency swap with Brazil as early as possible while actively explore the possibility of currency swap with India. For other BRICS countries, they should also actively explore the possibility of setting up bilateral currency swap among themselves. Among all BRICS currencies, RMB has already developed direct trading with Russian Rouble and South Africa Rand. Direct trading between RMB and other BRICS currencies should be built in the future.

4. Promote Local-currency Settlement in Commodity Trading

The extreme instability of the present global political

and economic environment has led to volatile fluctuations in the prices of commodities. Because most commodities are priced in US dollar in the international market, including oil, natural gas, iron ore, copper, nickel and grain, enterprises from BRICS countries can only passively accept the volatile price fluctuation, adding to the risk for their production and operation. In face of this reality, BRICS countries should realize local currency settlement in commodity trading as soon as possible to increase their pricing power in global commodity trade and promote diversification of settlement currencies in commodity trade, which is of vital importance to stabilize manufacturing prices and reducing cost in BRICS countries. If the international trade of energy, minerals, grains and commodities closely related to people's life are priced in local currencies, BRICS countries will be able to not only avoid the impact of foreign exchange fluctuation on their domestic inflation but also reduce transaction cost for enterprises resulting from buying or selling foreign exchange and living cost for residents who will consume those commodities. Meanwhile, realization of local currency settlement in commodity trading among BRICS countries will, in fact, contribute to the diversification of the international monetary system. One key measurement of the diversification of the international monetary system is the diversification of settlement currencies in international commodity trade.

Among BRICS countries, China and India are all major importers of raw materials while Russia and Brazil are major exporters of raw materials. This fact will help connect supply and demand among BRICS countries and facilitate local currency settlement in commodity trade among BRICS countries. BRICS countries' resources endowment and huge potential for economic development have decided that they will play a central role in the reform to diversify settlement currencies in international commodity trade. They should make full use of this advantage to improve top-down design and promote local-currency commodity trade through multiple means.

First, BRICS countries should accelerate construction of the platform for international commodity trade, setting up a multi-layer commodity market system that includes spot, OTC and futures markets and is open to both domestic and overseas investors, in particular, improving market functions for spot, futures, options, forwards and swap transactions.

Second, international application of local-currency-denominated commodities should be expanded. Specifically speaking, BRICS countries should expedite construction of international exchanges and propel their domestic futures exchanges and spot exchanges to accelerate internationalization of transactions of local-currency-denominated commodities contracts on iron ores and palm oil, attract more overseas investors and increase transaction volume. In addition, they can also develop financial products denominated with local currencies in carbon trade in view of their own actual carbon emission.

Finally, complementary financial service for commodity trade should also be improved. Specifically speaking, one is to set up a BRICS payment system for cross-border settlement. Another one is to enhance BRICS commercial banks' financial innovation in commodities. For instance, they can deepen cooperation with commodity futures exchanges, spot trading platforms, OTC derivatives markets, provide local-currency-denominated subject matter of commodities to both domestic and overseas investors, and provide dealers with comprehensive financial service including account, foreign exchange, settlement, financing, wealth management, brokerage and consultation. The third one is to propel the "New Development Bank" to provide trade financing in

BRICS currencies and design related local-currency-denominated hedging tools to raise the pricing power of BRICS currencies in commodity trading and provide enterprises with risk management tools needed in settlement of commodity trading.

5. Promote Cross-border Financial Infrastructural Construction in BRICS Countries with Blockchain Technology

This report believes that establishing the BRICS cross-border interbank payment system on the basis of blockchain technology might be a key step of BRICS cross-border financial infrastructural construction because it will not only significantly improve the efficiency of cross-border interbank payment among BRICS countries but also exert a fundamental impact on the international monetary and financial system.

In the current international monetary system, the US dollar plays a dominant role in cross-border payment and settlement. The dollar payment and settlement of international trade is mainly carried out through "Society for Worldwide Interbank Financial Telecommunications"

(SWIFT) and "Clearing House Interbank Payment System" (CHIPS). SWIFT, as the nerve center of the global banking industry, has maintained close business in 210 countries and regions around the world while providing interbank transactions and financial information exchange to more than 10,000 banks and financial institutions everyday, with as much as 6 trillion dollar involved.

Blockchain technology may fundamentally change the current international payment and settlement system. In essence, blockchain is a huge decentralized distributed ledger database. As a P2P network based on open-source software and structure, blockchain has many characteristics such as decentralization, no need of a trusted authority, disintermediation, inherent resistant to modification and safe encryption in the currency-related fields such as transaction payment in comparison with the support of traditional network. The characteristics of blockchain will change the "center-periphery" operational model of the traditional financial system: in terms of financial institutions, central banks are the center and commercial banks are the periphery; in terms of cross-border payment and settlement platform, SWIFT and CHIPS are the center and other systems are the periphery. Because blockchain is safe, transparent, distributed and tamper resistant, the trust model between financial systems will no longer rely on intermediation and many banks will make their businesses "decentralized" and realize real-time digital transactions.

Though blockchain technology is not mature, all sides believe that there is huge room for applying blockchain in cross-border payment settlement. The current cross-border payment and settlement not only is time-consuming and costly but also involves many intermediary links. Blockchain can realize fast, cheap and point-to-point cross-border payment without the use of an intermediary bank. The blockchain platform can not only bypass the intermediary bank to save intermediary fees but also improve safety of cross-border remittances and speed up clearing and settlement to increase utilization rate of funds because of its characteristics of safety, transparency and low risk. In the future, banks will not need a third party but use blockchain technology to realize point-to-point payment. The removal of the intermediary link of the third-party financial institution means cross-border payment will no longer depend on systems such as SWIFT and CHIPS.

The characteristic of decentralization of blockchain technology has enabled payment without involving a third-party institution. Such a technology has overthrown the dependence of the traditional financial system on the center, lowering the cost to build "credit" around the globe. In the international monetary system under the dominance of the US dollar, the credibility of the US dollar as international currency originates from the strength of the US economy. Other countries' trust in the US dollar system has led to their adoption of the US dollar as the medium for payment and clearing. Since blockchain is safe, transparent and tamper resistant, the trust model among financial systems will no longer rely on intermediation. And this will fundamentally shake the predominance of the US dollar in international payment settlement.

Overseas institutions have already realized the importance of blockchain to cross-border payment and settlement. Currently, except the "utility settlement coin" put forward by UBS, Ripple, a US company, is the first Fintech company to carry out cross-border settlement based on blockchain concept. Banks from 17 countries have cooperated with the company to realize point-to-point cross-border interbank transfer via the company's network. Meanwhile, SWIFT is trying to develop its own distributed ledger platform, exploring how to integrate distributed ledger into its payment system and have itself thorough overhauled with blockchain technology.

Due to inadequate regulation over blockchain, financial institutions from BRICS have not participated deeply in blockchain cross-border payment and settlement. But in view of the possible huge impact blockchain technology may exert on the international payment and settlement system, BRICS countries should promote establishment an cross-border payment and settlement system based on blockchain technology among themselves so as to take an advantageous position in the reform of the international monetary and financial system.

First, BRICS should continue to follow the latest progress of the development of blockchain technology and gradually expand application of blockchain technology. According the view of Melanie Swan, founder of Institute for Blockchain Studies, The changes that blockchain technology has brought about and will bring about can be divided into three categories: Blockchain 1.0, Blockchain 2.0 and Blockchain 3.0. Blockchain 1.0 refers to digital currency and its applications are about currency, including currency transfer, foreign exchange and payment system. Blockchain 2.0 refers to smart contract and its applications are mainly in economic, market and financial sectors but can be extended to a scope much broader than simple cash transfer, including stocks, bonds, futures, loans, mortgage, property rights and smart contract. Blockchain 3.0 refers to applications beyond currency, finance and market which mainly concerns government, health, science, culture and art. BRICS countries' understanding of blockchain is still at the first level of digital currency. In the future, BRICS countries should gradually encourage application of blockchain technology in the financial sector and strengthen cooperation and coordination among their blockchain institutions.

Second, BRICS should participate in discussing regulation over blockchain in international cross-border payment and settlement and drafting industry standards. BRICS countries' monetary authorities and financial institutions should pool their values and claims and jointly develop industry standards to guide international regulation and draw new rules for the financial system. Today, the application of blockchain by the global banking industry is still in the initial phase of development, facing a series of choices over technologies and models as well as various possibilities regarding regulatory compliance and application scope. Three forces including blockchain Fintech companies, large banks and regulators will largely determine the direction and standards for blockchain applications by banks in the future, and regulators will become a leading force for applications of blockchain technology. If BRICS countries have implemented blockchain cooperation among themselves, they will assume a bigger role in the future when taking part in negotiation of related international rules. Through consultation among their regulators, BRICS countries can set up industry regulation and related technological standards and make rules for the game to seize market opportunities.

Finally, BRICS countries should set up a blockchain cooperation platform and encourage cooperation between financial institutions and Fintech companies to establish a BRICS cross-border payment system based on blockchain as soon as possible. Though the United States and Europe have set up blockchain-based cross-border payment companies, their internal technological application remains unsatisfactory. For instance, XRP issued by Ripple face big troubles in circulation as 30% of them are held by the founder and charities. Blockchain cross-border payment technology is still in the early stage of development. It may take years or more than a decade for such a technology to be widely applied. At present, BRICS countries can set up blockchain cooperation platforms, organize financial institutions to establish blockchain labs and cooperate with Fintech companies to develop technologies that can be applied in core businesses, and set up common industry standards. On the one hand, they should set up a BRICS cross-border interbank payment system step by step. On the other hand, they should actively participate in making the global industry standards.

References

BIS (2015), "Digital Currency", Committee on Payments and Market Infrastructures of BIS, http://www.bis.org/cpmi/publ/d137.pdf.

Christine Lagarde (2017), "Fintech—A Brave New World for the Financial Sector?", IMF Blog, https://blogs.imf.org/2017/03/21/fintech-a-brave-new-world-for-the-financial-sector/.

Dong He, Karl Habermeier, etc. (2016), "Virtual Currencies and Beyond: Initial Considerations", IMF Staff Discussion Note, http://www.imf.org/external/pubs/ft/sdn/2016/sdn1603.pdf.

Gao H. and Yu Y. (2012), "Internationalization of the Renminbi", Bank for International Settlements, BIS paper No. 61, pp. 105 – 24, http://www.bis.org/repofficepubl/arpresearch200903.05.pdf.

Javier Sebastian Cermeno(2016), "Blockchain in Financial Services: Regulatory Landscape and Future Challenges for its Commercial Application", Working Paper, BBVA Research, https://www.bbvaresearch.com/wp-content/uploads/2016/12/WP_16-20.pdf.

Joseph S. Nye (2013), "BRICS without Mortar", Project Syndicate, April 3, https://www.project-syndicate.org/commentary/why-brics-will-not-work-by-joseph-s--nye?barrier=accessreg.

Liu D. (2016), "Internationalization of China's Bonds Markets, Development of Offshore RMB Center and Provision of Global Safe Assets", in *Enter the Dragon: China in the International Financial System*, CIGI Press.

Liu D. (2016), "Offshore issuance of China's Local Government Bond", *Zhongguo Jinrong* (China Finance), No. 17, pp. 76 – 77.

Liu D., Gao H., Xu Q., Li Y. and Song S. (2017), "China's Next Steps in Renminbi Internationalization: The Renminbi as a Reserve Asset and an Investment Vehicle, the 'Belt and Road' Initiative and the Role of London", Chatham House.

Song S., Liu D. (2016), "The EIB's Non-Credit Business for Small and Medium Enterprises and Its Implication for the AIIB", *Yinhangjia*(The Chinese Bankers), No. 10, pp:108 – 111.

Thorsten K and Jeremy K (2017), "Blockchain Technology—What's in Store for Canada's Economy and Financial Markets?", https://www.cdhowe.org/public-policy-research/blockchain-technology-%E2%80%93-what%E2%80%99s-store-canada%E2%80%99s-economy-and-financial-markets.

WEF (2016), "The Future of Financial Infrastructure", An Industry Project of the Financial Services Community, the World Economic Forum, http://www3.weforum.org/docs/WEF_The_future_of_financial_infrastructure.pdf.

Wu Y. (2013), "Analysis of the Currency Swap Approach of the RMB Internationalization", *Shanghai Jinrong* (*Shanghai Finance*), No. 4, pp. 32 – 36.

刘东民，中国社会科学院世界经济与政治研究所副研究员，国际金融室主任，硕士生导师。本科就读于清华大学自动化系，获工学学士学位，后转学金融，获中国社会科学院财贸经济系金融学博士学位。2009 年进入中国社会科学院世界经济与政治研究所从事国际金融领域研究工作，主要研究方向是国际货币金融体系改革、人民币国际化、多边开发银行、债券市场发展等。主持和承担中央及地方政府、金融机构、国家自然科学基金、国家社会科学基金等课题近 30 项，多次参加中央和地方政府内部咨询会。自 2011 年以来深入参与深圳前海金融产业发展规划，所提出的多项金融改革创新政策（人民币跨境贷款、前海注册企业赴港发债、人民币离岸母基金等）获中央政府批复。其中，人民币跨境贷款的实施已经拓展至中国第二批所有自贸区，协议金额超过 1000 亿元人民币。兼任亚洲基础设施投资银行内部咨询专家，国际政治与金融安全智库研究员。

Liu Dongmin is a senior research fellow and the director of Division of International Finance, Institute of World Economics and Politics, Chinese Academy of Social Sciences. He graduated from Tsinghua University, getting a Bachelor's Degree of Engineering and Master's Degree of Management Science and Engineering. After that, he got a Ph. D of Finance in the Chinese Academy of Social Sciences. Now he is an adviser of the Ministry of Finance for the AIIB affairs. His research area focuses on reform of international monetary system, internationalization of RMB, development of the AIIB and BRICs Bank, bond market, etc. He has deeply participated in the Financial Industry Planning for Qianhai Free Trade Zone in Guangdong Province, and three of his proposals were approved by the central government in 2012. Up to now his proposal of cross-border RMB loan has already successfully applied to China's FTZs (Shanghai City, Tianjin City, Guangdong Province and Fujian Province) and over RMB 100 billion of cross-border RMB loans have been issued.

肖立晟,中国社会科学院世界经济与政治研究所国际金融室副主任,副研究员,硕士生导师。主要研究领域为中国宏观经济与国际金融,跟踪研究国内外宏观经济形势以及人民币汇率问题。在《经济研究》《管理世界》《金融研究》等权威期刊上发表多篇论文。参加国家与部委层面的宏观经济研讨会,并撰写大量决策咨询报告,多次荣获中国社会科学院优秀对策信息奖(对策研究类)。兼任对外经济贸易大学校外硕士生导师,中华人民共和国财政部国际经济关系司顾问,盘古智库研究员,中国金融40人青年论坛研究员,国际政治与金融安全智库研究员。

Xiao Lisheng, deputy director, senior research fellow and master student advisor of International Finance Research Division, Institute of World Economics and Politics, Chinese Academy of Social Sciences. His main research fields are China's macro economy and international finance. He has published several papers on authoritative journals, such as *Economic Research* (Chinese), *Management World*, and *Journal of Financial Research* (Chinese). He participated in national and ministerial level of macroeconomic seminars, and wrote number of decision-making advisory reports and won the Excellent Countermeasure Information Award from the Chinese Academy of Social Sciences (Countermeasure Research Category). He also serves as an external master student advisor of the University of International Business and Economics, and a consultant to the Ministry of Finance's International Economic Relations Division and a researcher at the Pangu think tank、China Finance 40 Youth Forum and the International political and financial security think tank.

陆婷，经济学博士，中国社会科学院世界经济与政治研究所副研究员，曾在中国人民银行做博士后研究，主要研究领域是国际金融、金融稳定与资产定价。在《世界经济》《金融研究》、*China & World Economy* 等学术期刊发表十余篇论文,主持和完成多项省部级课题,在《人民日报》《经济日报》等主流媒体发表多篇财经评论。

Lu Ting, Ph. D in economics, Associate research fellow at the Institute of World Economy and Politics, used to conduct her post-doctoral study at the People's bank of China. The research interests are international finance, financial stabilities and asset pricing.

熊爱宗,中国社会科学院世界经济与政治研究所助理研究员。于2010年在厦门大学获得经济学博士学位,2010—2011 年担任厦门大学经济学院助理教授。2011—2013 年在南开大学国际经济研究所从事博士后研究工作。目前,研究领域主要包括全球经济治理、国际货币与金融体系,其研究兴趣还包括新兴市场经济体特别是金砖国家。

Xiong Aizong is an assistant research fellow in Institute of World Economics and Politics (IWEP), Chinese Academy of Social Science (CASS). He has studied Economics at Xiamen University and obtained a Ph. D in Economics

(2010). Dr. XIONG was as an assistant professor in School of Economics, Xiamen University from 2010 to 2011, and did two-year postdoctoral research at Institute of International Economics in Nankai University from 2011 to 2013. His research areas include global economic governance and international money and finance, and now his research interests also include issues of emerging market economies, especially BRICS countries.

张驰,南开大学经济学博士,中国社会科学院世界经济与政治研究所博士后。在国内期刊上发表多篇论文,并参与多个部委课题项目研究。研究领域为国际金融,包括债券市场发展、国际资本流动和人民币国际化等。

Zhang Chi is a post doctor of Division of International Finance, Institute of World Economics and Politics, Chinese Academy of Social Sciences. She graduated from Nankai University with a Ph. D in economics. She published several academic papers in China's economics journals, and she also joined several research programs invited by different ministries of Chinese central government. Her interests mainly focus on international finance, including bond market, international capital flow and RMB internationalization.